きっず ジャポニカ 学習ドリル

【監修】藤井浩治（尾道市立御調西小学校校長）

書いて覚える 小学1・2年生の漢字240《かいておぼえる しょうがく1・2ねんせい のかんじ 240》

令和版《れいわばん》

書きこみ式《かきこみしき》

小学館

もくじ

この本《ほん》をつかうみなさんへ

監修《かんしゅう》：藤井浩治《ふじいこうじ》

かん字《じ》には、なかまがあります。たとえば「林《はやし》」や「森《もり》」、「村《むら》」というかん字《じ》の中《なか》には、「木《き》」という字《じ》が入《はい》っていて、どのかん字《じ》も、木《き》にかんけいがあります。この本《ほん》では、おなじなかまのかん字《じ》をあつめて、しょうかいしています。かん字《じ》を一《ひと》つずつおぼえるよりも、なかまといっしょにおぼえたほうが、たのしくべんきょうできます。そして、おぼえやすいので、かん字《じ》がきっと、すきになってくるでしょう。くりかえしてよんで、くりかえして書《か》いてみましょうね。

その部首《ぶしゅ》のなり立《た》ちを、絵《え》でしめしています。

部首《ぶしゅ》の名前《なまえ》と、部首《ぶしゅ》のいみ（または、その部首《ぶしゅ》をつかった字《じ》にはどういうとくちょうがあるか）をしめしています。

その部首《ぶしゅ》の書《か》きじゅんと、画数《かくすう》です。部《ぶ》首《しゅ》の画数《かくすう》は、漢和《かんわ》じてんを引《ひ》くときに、つかいます。

この本《ほん》のつかい方《かた》

この本《ほん》は、小学校《しょうがっこう》1年生《ねんせい》、2年生《ねんせい》のみんなが学校《がっこう》でならう240このかん字《じ》（1年生《ねんせい》80字《じ》、2年生《ねんせい》160字《じ》）を、部首《ぶしゅ》ごとにまとめ、おうちでまなべるようにしたものです。かん字《じ》の「なかま」＝「部首《ぶしゅ》」を知《し》り、おなじなかまのかん字《じ》を、まとめておぼえてみましょう。

この本《ほん》は、部首《ぶしゅ》の大《おお》きなグループごとに、ぜん体《たい》が6つの章《しょう》にわかれています。

1 人間《にんげん》にかんけいのある部首《ぶしゅ》
2 村《むら》にかんけいのある部首《ぶしゅ》
3 しぜんにかんけいのある部首《ぶしゅ》
4 生《い》きものにかんけいのある部首《ぶしゅ》
5 道《どう》ぐにかんけいのある部首《ぶしゅ》
6 そのほかの部首《ぶしゅ》

一《ひと》つの章《しょう》の中《なか》は、さらにいくつかの部首《ぶしゅ》のグループにわかれています。たとえば「人間《にんげん》にかんけいのある部《ぶ》首《しゅ》」の章《しょう》は、「顔《かお》がもとになった部《ぶ》首《しゅ》」「手《て》がもとになった部《ぶ》首《しゅ》」などにわかれます。

部首《ぶしゅ》かいせつコーナー

口

【くち、くちへん】

口《くち》、ことば、あな、四角《しかく》にかんけいする字《じ》が多《おお》い。

人《ひと》の口《くち》の形《かたち》だよ。

3画《かく》

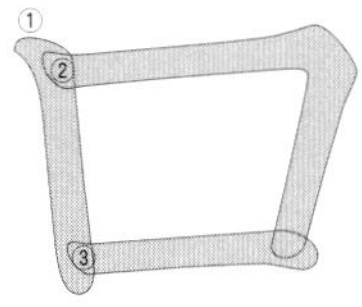

1年 口右名
2年 古台合同
3年 号向君味命和品
員商問
4年 司各周唱器
5年 可句史告喜
6年 吸后否呼善

書《か》き方《かた》

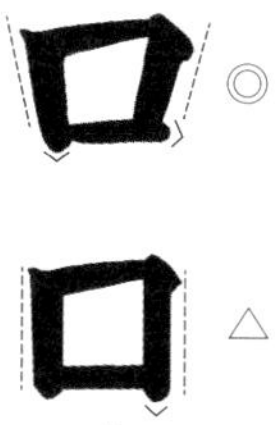

部首《ぶしゅ》の書《か》き方《かた》を、毛筆《もうひつ》でしめしています。◎は、よい書《か》き方《かた》のお手本《てほん》です。

△は、よくない書《か》き方《かた》です。赤《あか》い線《せん》がしめすポイントを、◎の字《じ》と見《み》くらべてみましょう。

その部首《ぶしゅ》をつかったかん字《じ》のうち、小学校《しょうがっこう》でならう字《じ》の一《いち》らんです。1・2年生《ねんせい》でならう字《じ》は、赤《あか》い字《じ》でしめしています。

書《か》きとりコーナー

ウ
ユウ
みぎ

右

右右右右右

5画《かく》

そのかん字《じ》の読《よ》み方《かた》です。かたかなは音読《おんよ》み、ひらがなは訓読《くんよ》みで、赤《あか》い字《じ》は、おくりがなです。小学校《しょうがっこう》でならわない読《よ》み方《かた》は、（　）に入《い》れてあります。

そのかん字《じ》の書《か》きじゅんです。

そのかん字《じ》の画数《かくすう》です。

①いちばん上《うえ》の、こい色《いろ》の文字《もじ》をゆびでなぞり、②うすい色《いろ》の字《じ》をえんぴつでなぞって書《か》きます。③つぎは、下《した》の白《しろ》います目《め》に書《か》いてみましょう。

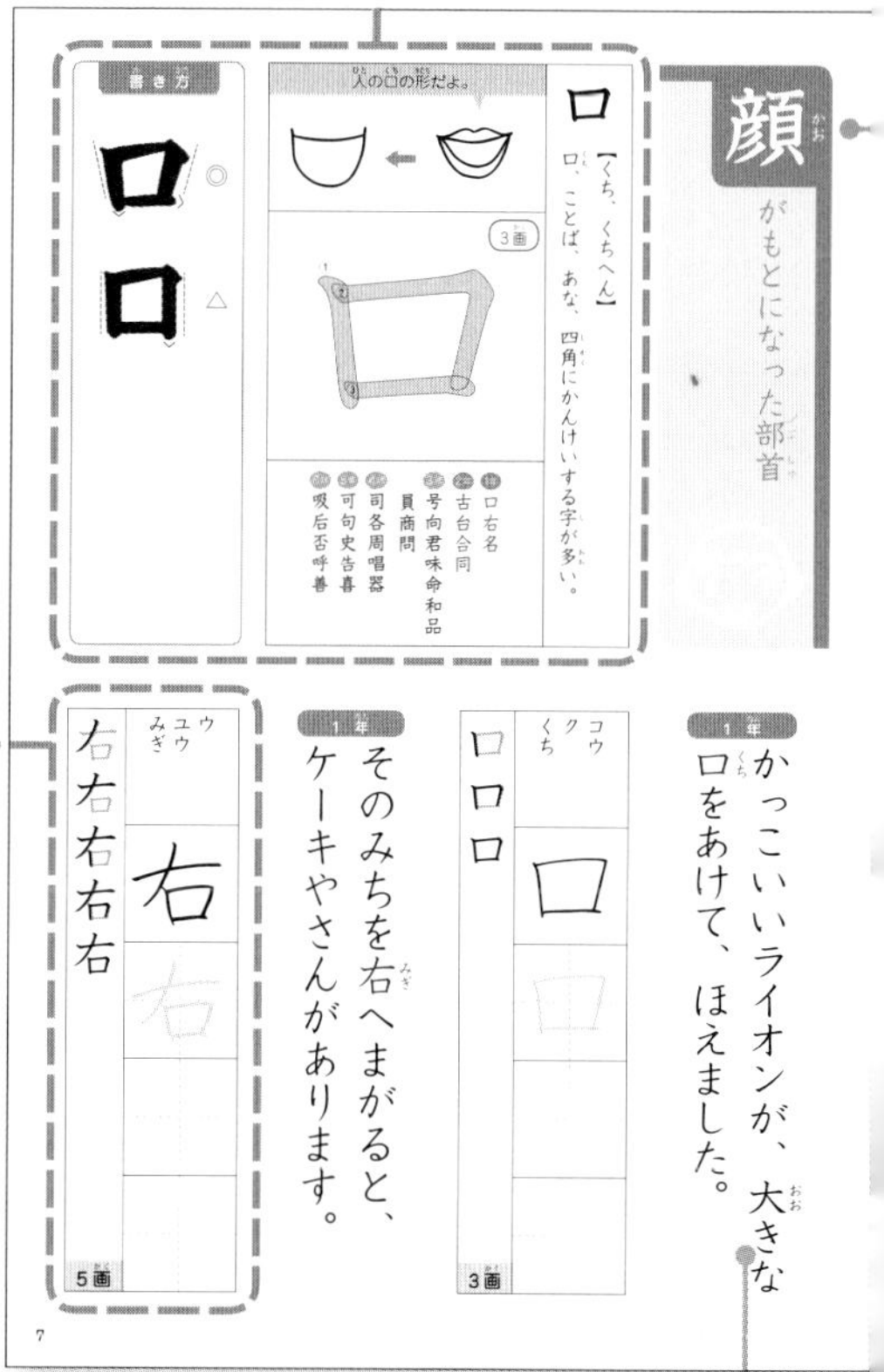

例文《れいぶん》

そのかん字《じ》をつかった文《ぶん》しょうの例《れい》です。赤《あか》い字《じ》が、ここでおぼえたいかん字《じ》です。

＊文《ぶん》しょうの中《なか》で、わからないことばがあったら、国語《こくご》じてんでしらべてみましょう。

本《ほん》のさいごには、かん字《じ》の書《か》きとりれんしゅうができる、マス目《め》のページがあります。

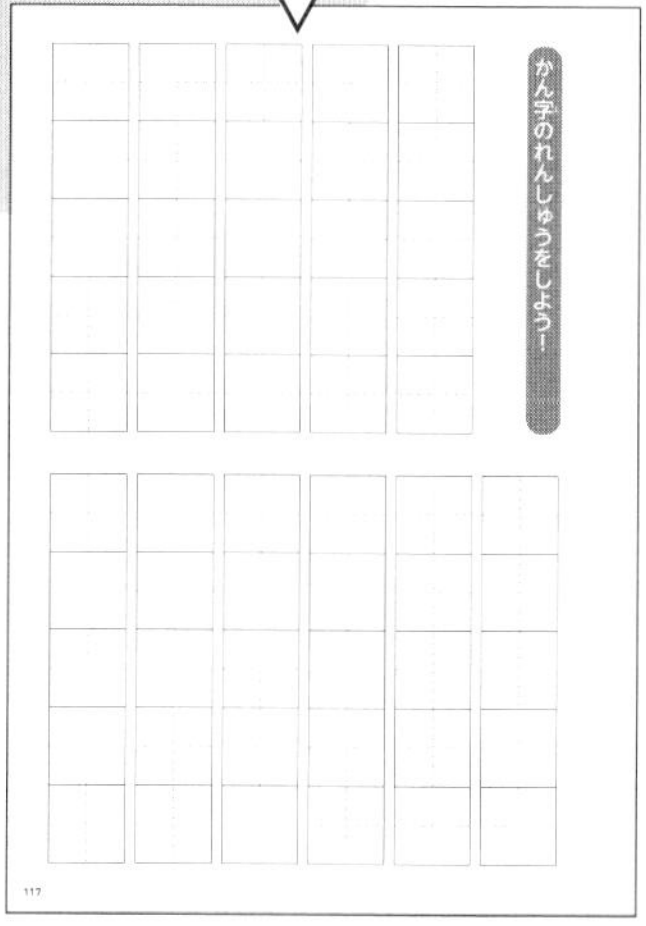

＊この本《ほん》で書《か》きとりれんしゅうをするときは、かならず下《した》じきをしいて、えんぴつで書《か》くようにしましょう。

＊小学館《しょうがくかん》クリエイティブのホームページの特設《とくせつ》サイトから、この本《ほん》のなかみの一部《いちぶ》をダウンロードして、くりかえし、書《か》きとりれんしゅうすることができます。くわしくは126ページを見《み》てください。

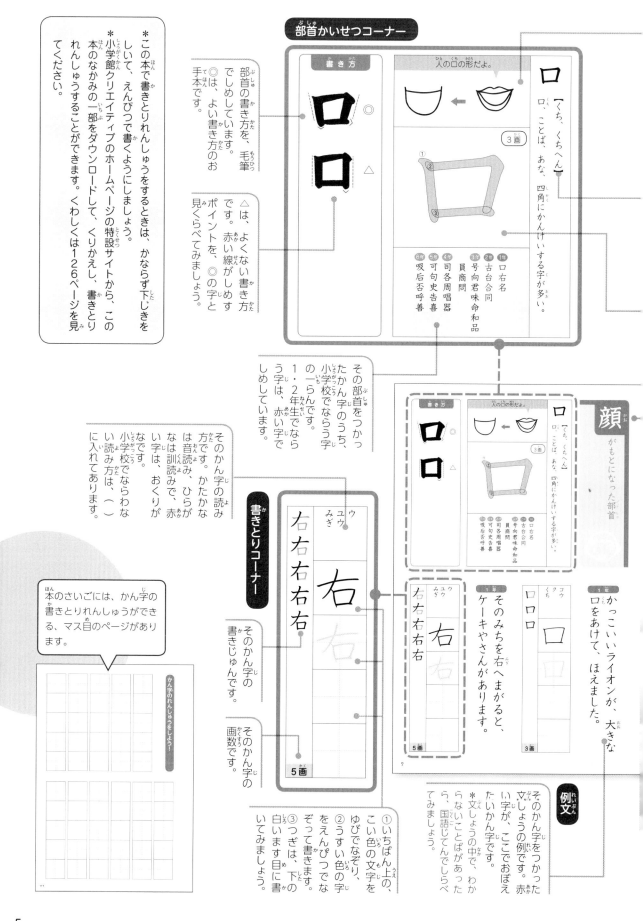

人間《にんげん》

にかんけいのある部首《ぶしゅ》

顔《かお》 p.7

[口《くち》]
- 口 くち、くちへん
- 欠 あくび、かける
- 言 ごんべん
- 音 おと

[目《め》]
- 目 め、めへん
- 見 みる

[はな]
- 自 じ、みずから

[耳《みみ》]
- 耳 みみ、みみへん

[かみ]
- 毛 け
- 老(耂) おいかんむり
- 長 ながい

[あたま]
- 頁 おおがい
- 首 くび

手《て》 p.18

- 力 ちから
- 又 また
- 寸 すん
- 手(扌) て (てへん)
- 攵 のぶん、ぼくづくり、ぼくにょう

心《こころ》と体《からだ》 p.27

- 心(忄) こころ (りっしんべん)
- 肉(月) にく (にくづき)

足《あし》 p.22

- 夂 ふゆがしら
- 辶 しんにょう、しんにゅう
- 止 とめる、とめへん
- 足(⻊) あし (あしへん)
- 走 はしる、そうにょう

すがた p.29

- 人(亻、𠆢) ひと (にんべん、ひとやね)
- 儿 ひとあし、にんにょう
- 匕 ひ
- 大 だい
- 立 たつ
- 色 いろ

家《か》ぞく p.35

- 女 おんな、おんなへん
- 子 こ、こへん
- 士 さむらい
- 父 ちち
- 母(毋) はは (ははのかん、なかれ)

顔《かお》がもとになった部首《ぶしゅ》

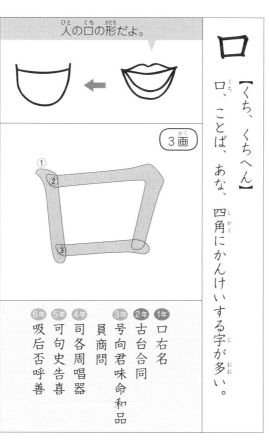

口

【くち、くちへん】

口《くち》、ことば、あな、四角《しかく》にかんけいする字《じ》が多《おお》い。

人《ひと》の口《くち》の形《かたち》だよ。

3画《かく》

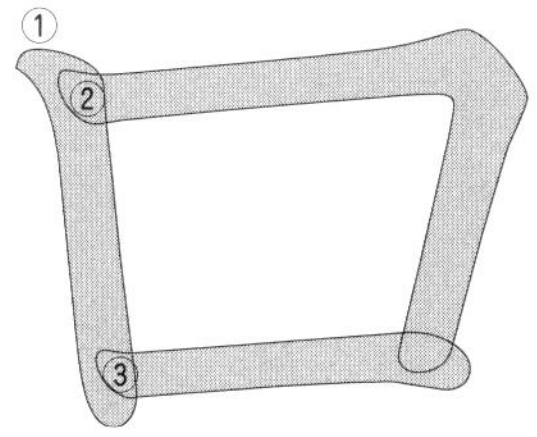

1年 口右名

2年 古台合同

3年 号向君味命和品員商問

4年 司各周唱器

5年 可句史告喜

6年 吸后否呼善

書《か》き方《かた》

口 ◎

口 △

1年《ねん》

かっこいいライオンが、大《おお》きな口《くち》をあけて、ほほえました。

コウ ク くち

口口口

口

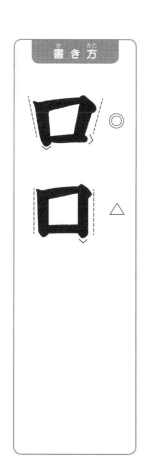

3画《かく》

1年《ねん》

そのみちを右《みぎ》へまがると、ケーキやさんがあります。

ウ ユウ みぎ

右右右右右

右

5画《かく》

1年《ねん》

名《な》まえをよばれたら、大《おお》きなこえでへんじをします。

名

メイ
ミョウ
な

名

名名名名名名

6画《かく》

2年《ねん》

みんなで「大《おお》きな古《ふる》時《ど》計《けい》」を合《がっ》しょうします。

古

コ
ふるい
ふるす

古

古古古古古

5画《かく》

合

ゴウ—ガッ
カッ
あう—あわす
あわせる

合

合合合合合合

6画《かく》

2年《ねん》

台《だい》の上《うえ》に、同《おな》じ大《おお》きさのおいしそうなみかんがあります。

台

ダイ
タイ
—

台

台台台台台

5画《かく》

同

ドウ
おなじ

同

同同同同同同

6画《かく》

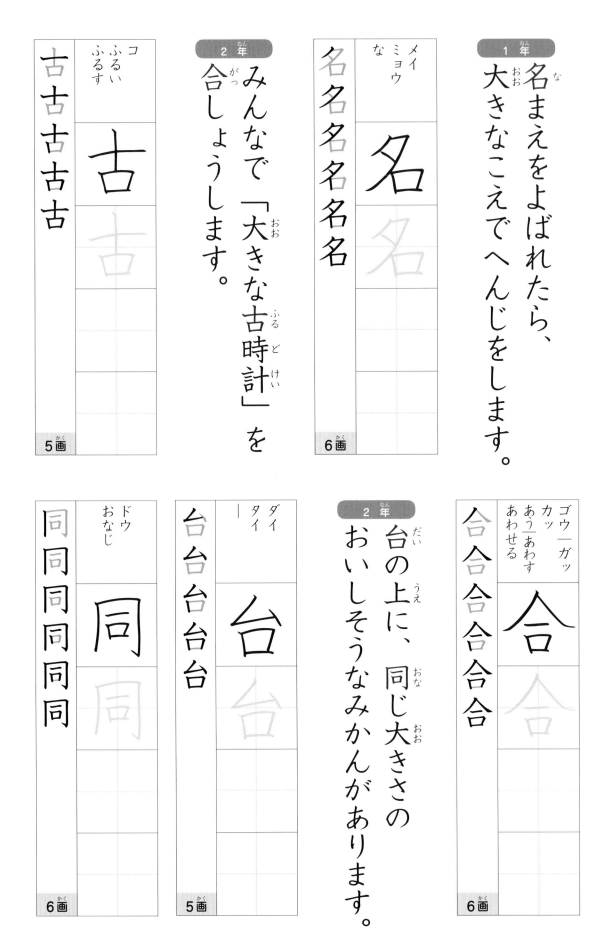

欠

【あくび、かける】

口《くち》をあけることにかんけいする字《じ》が多《おお》い。

人《ひと》が大《おお》きく口《くち》をあける形《かたち》だよ。

4画《かく》

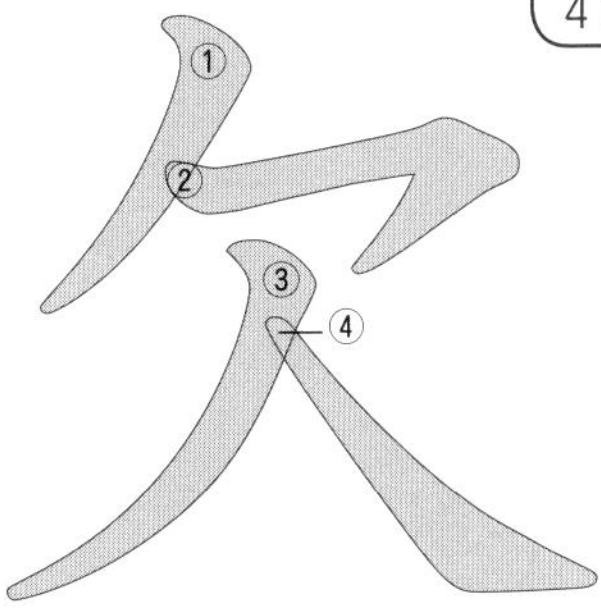

6年 欲　4年 欠　3年 次　2年 歌

書《か》き方《かた》

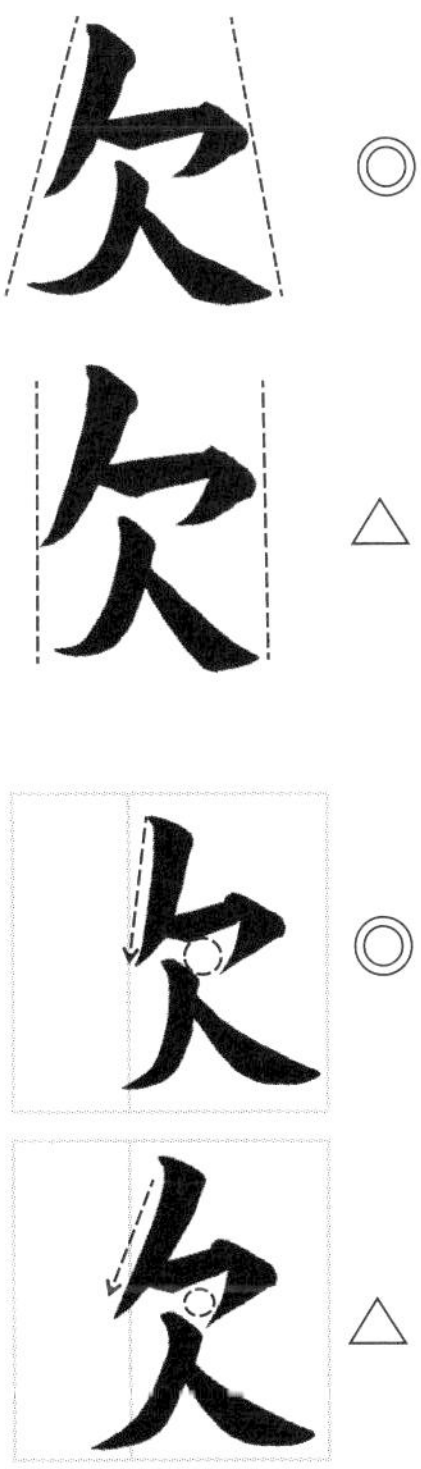

2年《ねん》

大《おお》きな口《くち》をあけて、歌《うた》を歌《うた》います。

歌

カ
うた
うたう

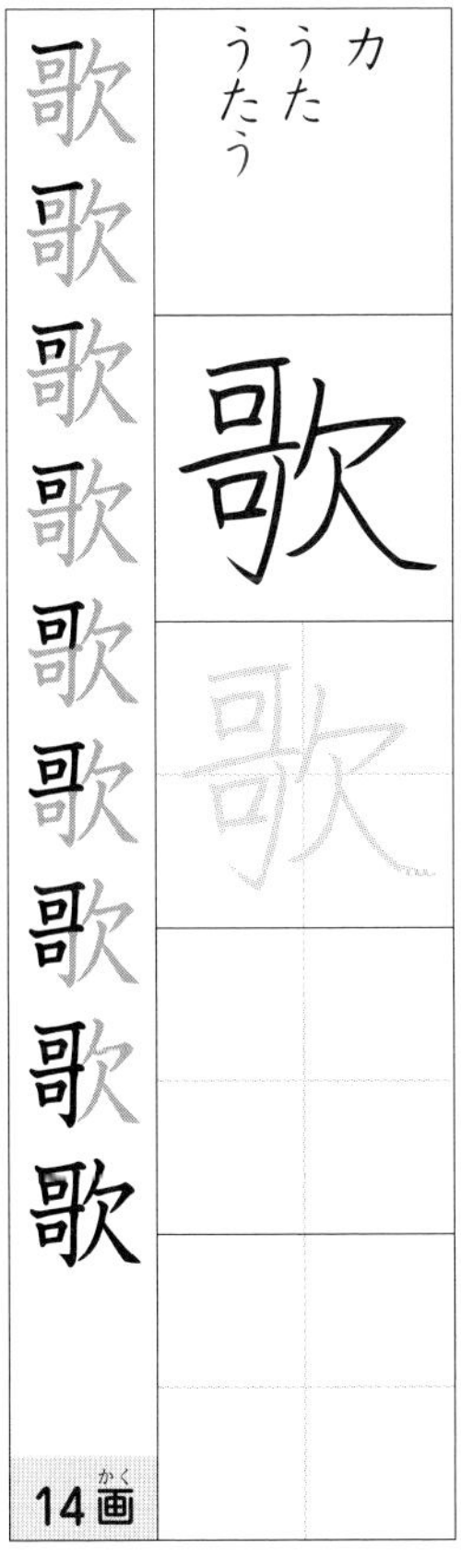

14画《かく》

言

【ごんべん】

ことばや、ひょうげんにかんけいする字《じ》が多《おお》い。

はものと口《くち》を合《あ》わせた形《かたち》だよ。

7画《かく》

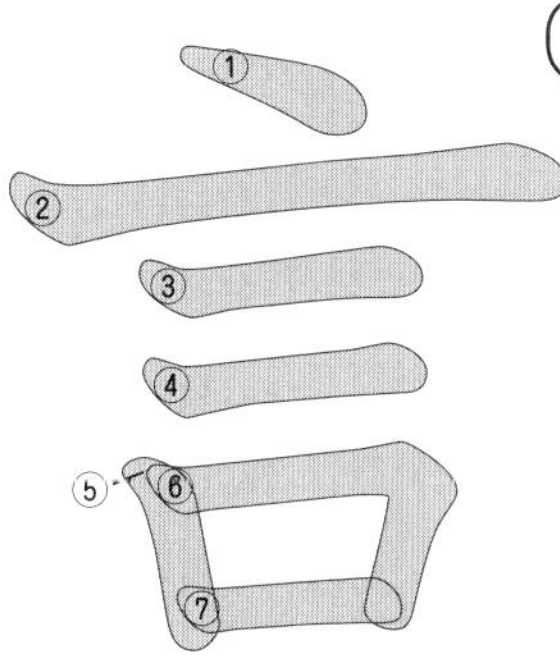

2年 言計記話語読
3年 詩談調
4年 訓試説課議
5年 許設証評講謝識護
6年 討訪訳詞誠誤誌認諸誕論警

書《か》き方《かた》

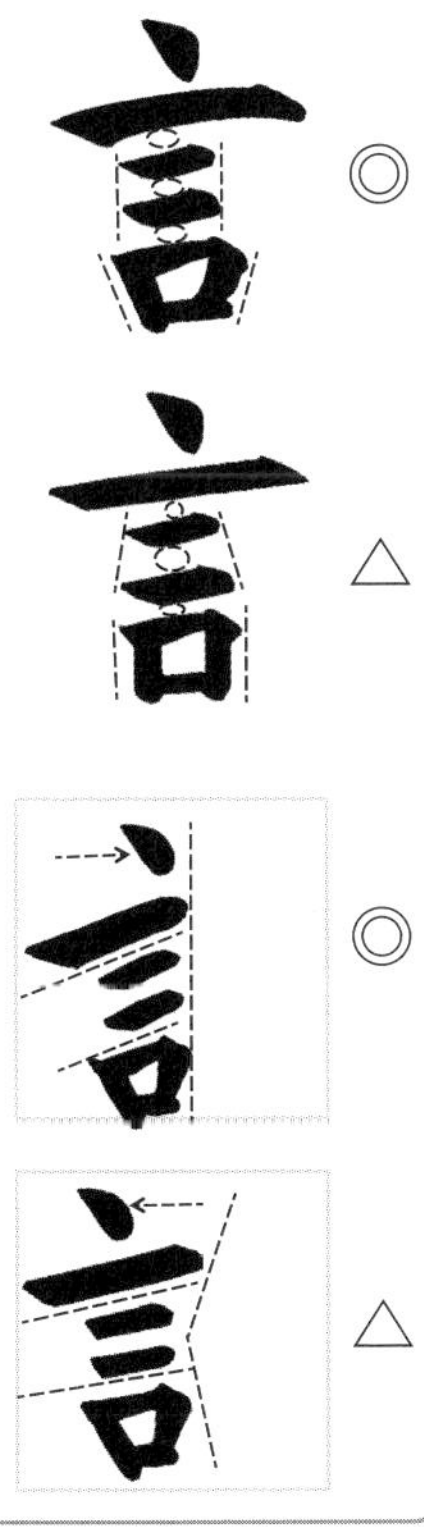

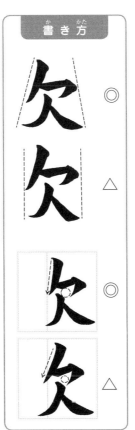

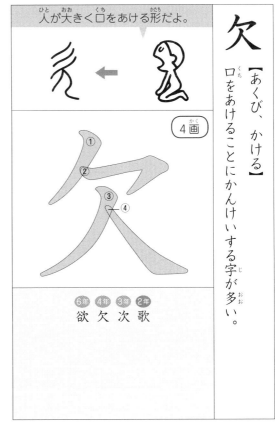

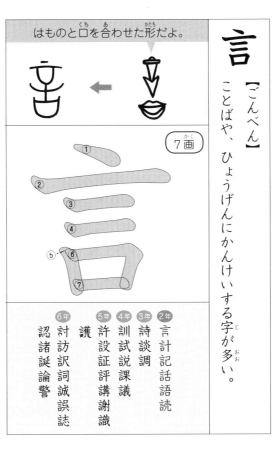

2年《ねん》

その子《こ》は時《と》計《けい》を見《み》て、「もう行《い》かなくちゃ」と言《い》いました。

計

ケイ
はかる
はからう

9画《かく》

言

ゲン
ゴン
いう
こと

7画《かく》

2年《ねん》

町《まち》のむかし話《ばなし》を記《き》ろくして、え本《ほん》をつくりました。

話

ワ
はなす
はなし

13画《かく》

記

キ
しるす

10画《かく》

2年《ねん》

『スイミー』を、えい語《ご》でも読《よ》んでみたいです。

語

ゴ
かたる
かたらう

14画《かく》

ドク
トク
トウ
よむ

読

14画《かく》

音

【おと】

音《おと》にかんけいする字《じ》が多《おお》い。

9画《かく》

「言」の口《くち》に「一」を入《い》れた形《かたち》だよ。

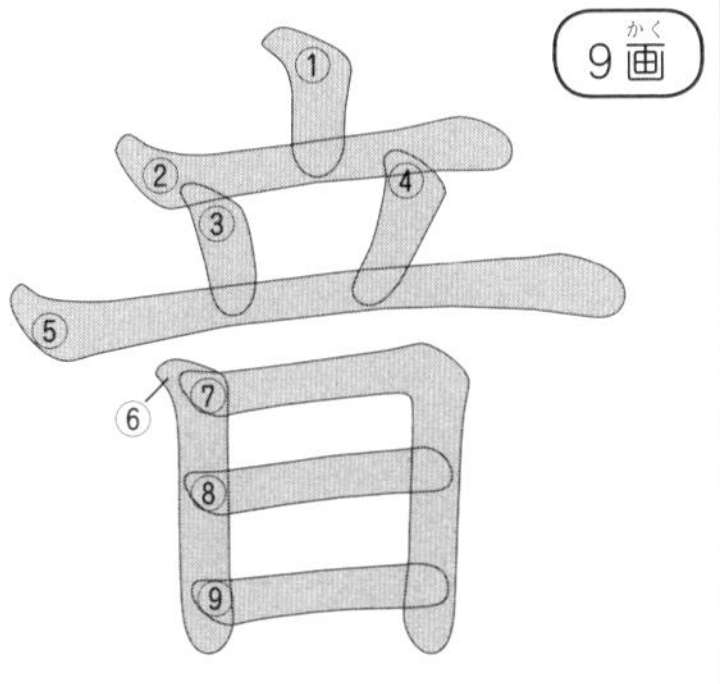

1年 音

書《か》き方《かた》

◎

△

1 年《ねん》

てっきんでドの音《おと》をたたくと、すんだ音《ね》いろがしました。

オン
（イン）
おと
ね

音

9画《かく》

目

【め、めへん】

見《み》ることにかんけいする字《じ》が多《おお》い。

目《め》の形《かたち》だよ。

5画《かく》

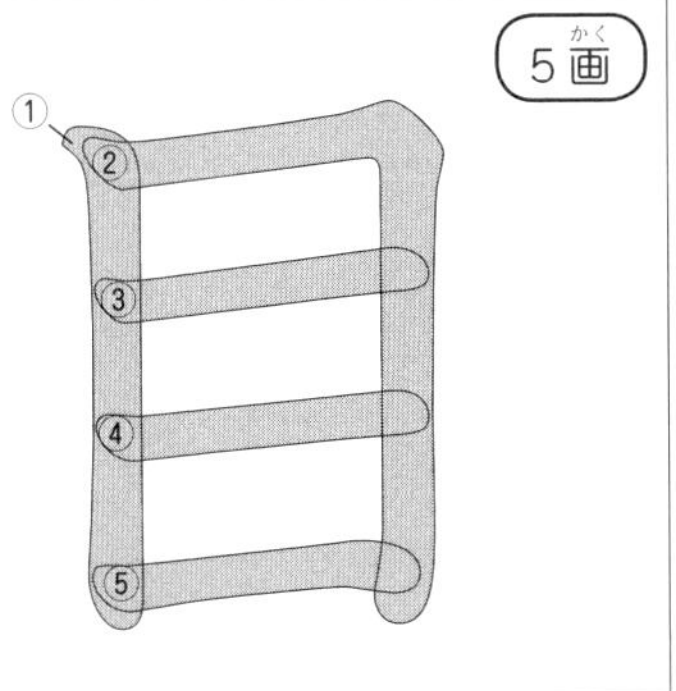

1年 目
2年 直
3年 県 相 真
4年 省
5年 眼
6年 看

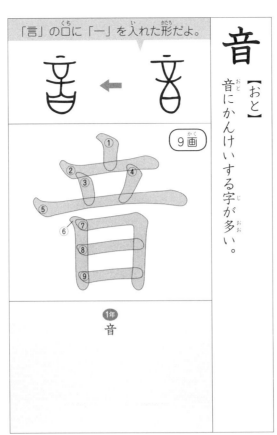

書《か》き方《かた》

目 ◎

目 △

1年《ねん》

わたしの目《め》のいろはくろで、その人《ひと》の目《め》は、きれいな青《あお》です。

目

モク（ボク）
め（ま）

目目目目目

5画《かく》

2年《ねん》

えん足《そく》のもちものを見《み》直《なお》したら、水《すい》とうがありませんでした。

直

チョク｜ジキ
ただちに
なおす
なおる

直直直直直直直直

8画《かく》

見

【みる】

見《み》るといういみをもつ字《じ》が多《おお》い。

人《ひと》が目《め》をひらいて見《み》ている形《かたち》だよ。

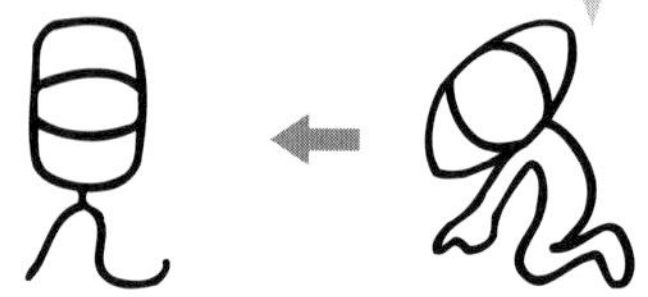

7画《かく》

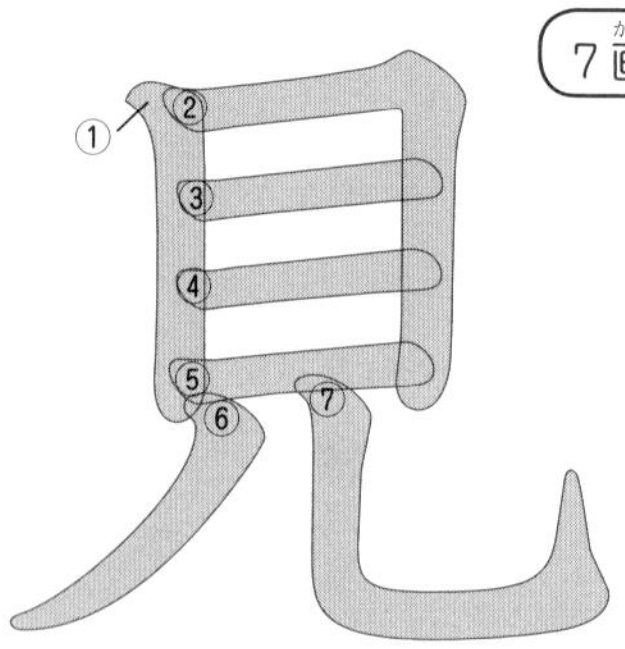

1年 見
2年 親
4年 覚 観
5年 規
6年 視 覧

書《か》き方《かた》

見 ◎

見 △

見 ◎

見 △

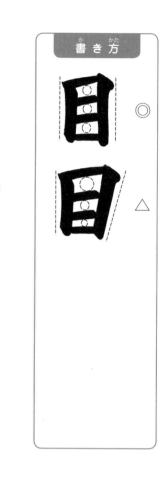

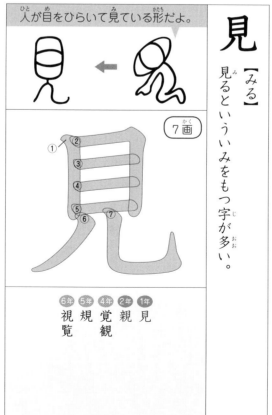

1年《ねん》

お花《はな》見《み》のあと、えいがを見《み》にいきませんか。

ケン
みる
みえる
みせる

見

見見見見見見見

7画《かく》

2年《ねん》

親《おや》はいつも、子《こ》どもを見《み》まもっています。

シン
おや
したしい
したしむ

親

親親親親親親親親親親

16画《かく》

自

【じ、みずから】

はなにかんけいする字《じ》が多《おお》い。

はなの形《かたち》だよ。

6画《かく》

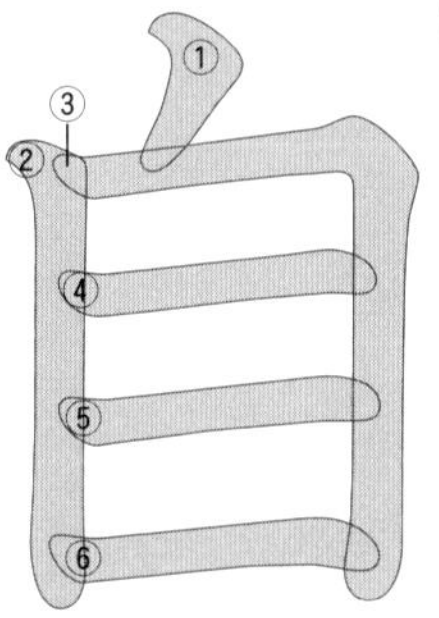

2年
自

書《か》き方《かた》

◎

△

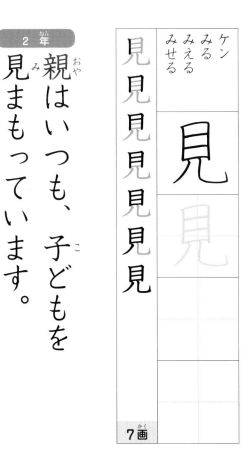

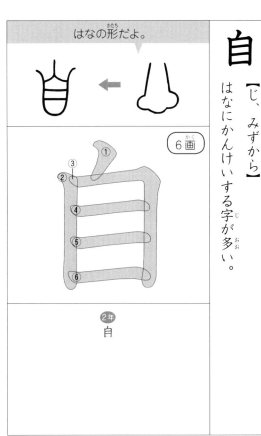

2年《ねん》

自《じ》分《ぶん》のはなをゆびさして、自《じ》こしょうかいをします。

シ　ジ
みずから

自自自自自自

自　自

6画《かく》

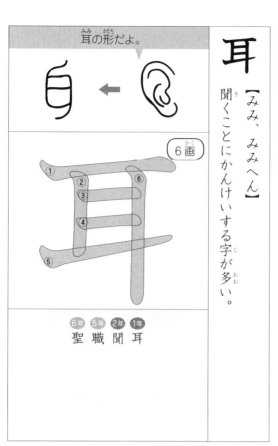

耳

【みみ、みみへん】

聞《き》くことにかんけいする字《じ》が多《おお》い。

耳《みみ》の形《かたち》だよ。

6画《かく》

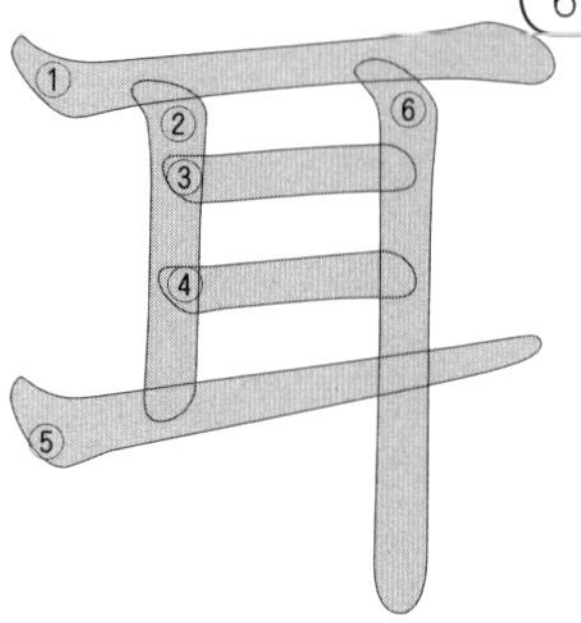

6年　聖　5年　職　2年　聞　1年　耳

書《か》き方《かた》

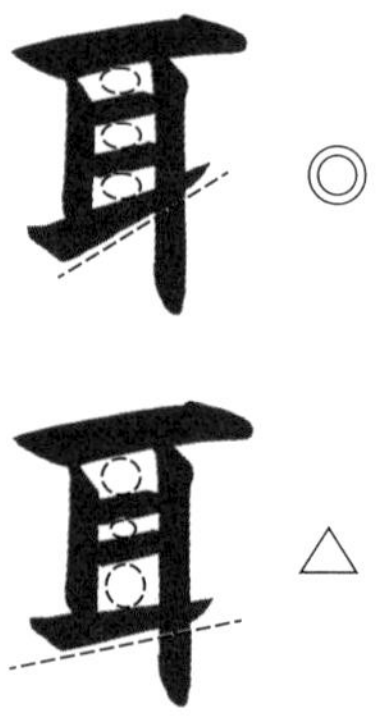

1年《ねん》

耳《みみ》をすませば、うみのなみの音《おと》がきこえます。

（ジ）
みみ

耳耳耳耳耳耳

耳　耳

6画《かく》

2年《ねん》

新《しん》聞《ぶん》きしゃのおはなしを、みんなで聞《き》きました。

ブン
（モン）
きく
きこえる

聞

聞聞聞聞聞聞聞聞聞

14画《かく》

毛【け】

毛《け》にかんけいする字《じ》が多《おお》い。

どうぶつの体《からだ》の毛《け》だよ。

4画《かく》

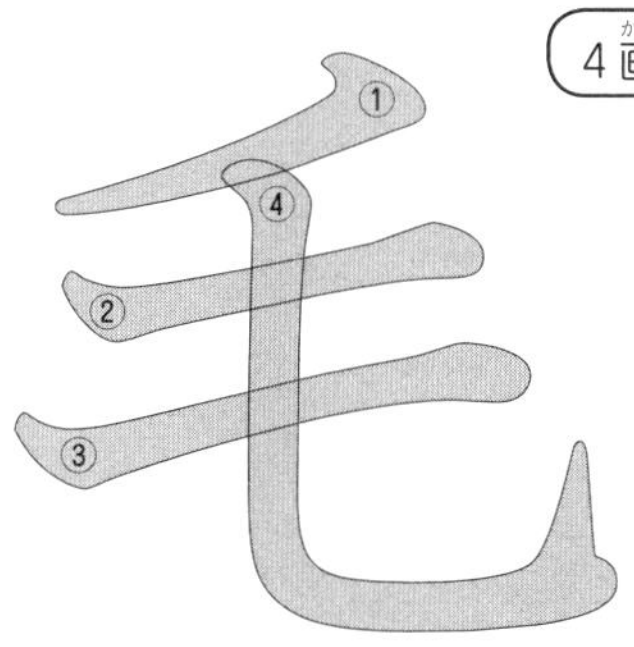

2年 毛

書《か》き方《かた》

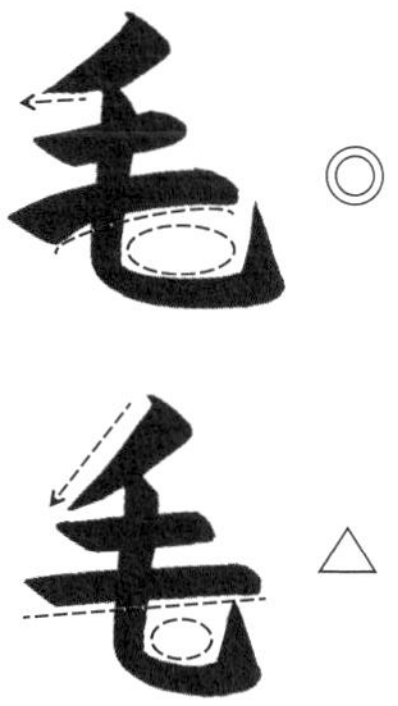

2年《ねん》

ネコの毛《け》は、とてもやわらかいです。

け モウ

毛

毛毛毛毛

4画《かく》

老（耂）【おいかんむり】

ろう人《じん》にかんけいする字《じ》が多《おお》い。

長《なが》いしらがの、ろう人《じん》のすがただよ。

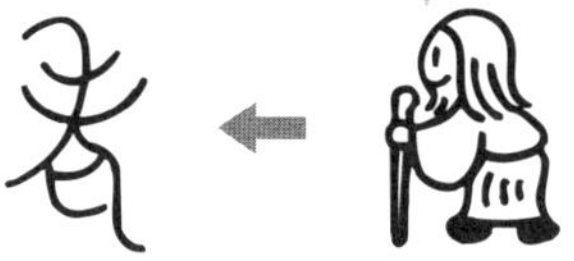

6画《かく》

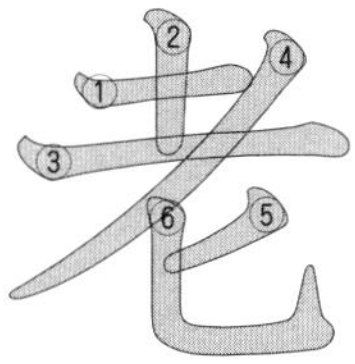

4画《かく》

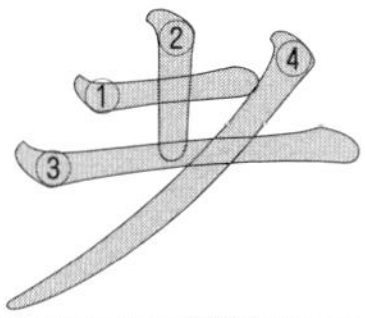

4年 老　3年 者　2年 考

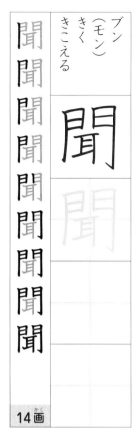

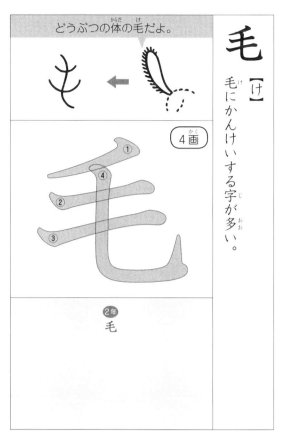

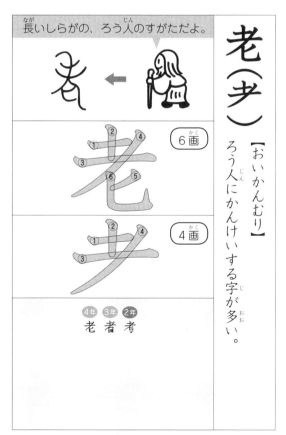

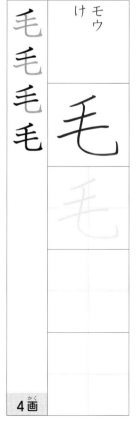

書《か》き方《かた》

2年《ねん》

先《せん》生《せい》のおはなしをさん考《こう》にして、考《かんが》えます。

考

コウ
かんがえる

考考考考考考

6画《かく》

長

【ながい】

ひさしく長《なが》いといういみをもつ字《じ》が多《おお》い。

かみの長《なが》いろう人《じん》のすがただよ。

8画《かく》

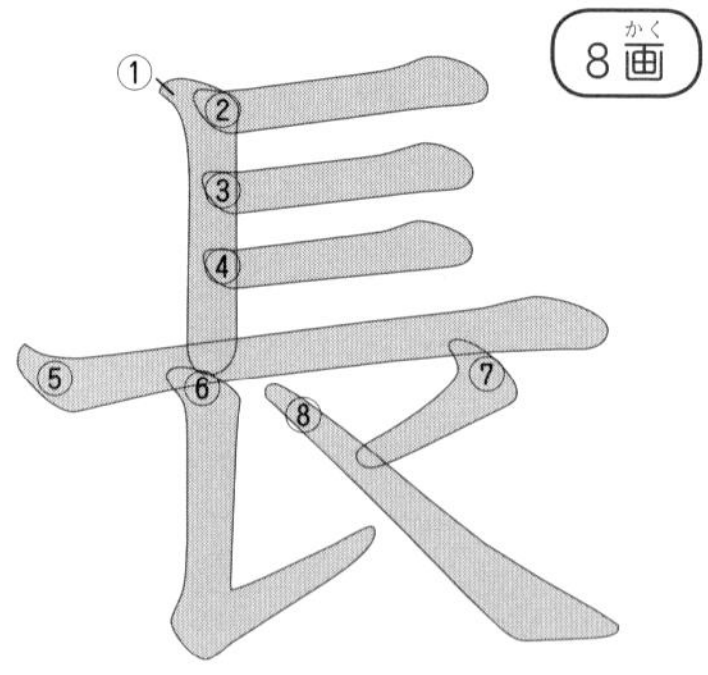

2年 長

書《か》き方《かた》

2年《ねん》

いもうとは、かみを長《なが》くのばしています。

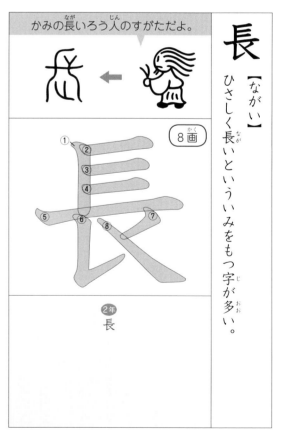

長

チョウ
ながい

8画《かく》

頁

【おおがい】

頭《あたま》や首《くび》のうごきにかんけいする字《じ》が多《おお》い。

頭《あたま》を大《おお》きくえがいた、人《ひと》の形《かたち》だよ。

9画《かく》

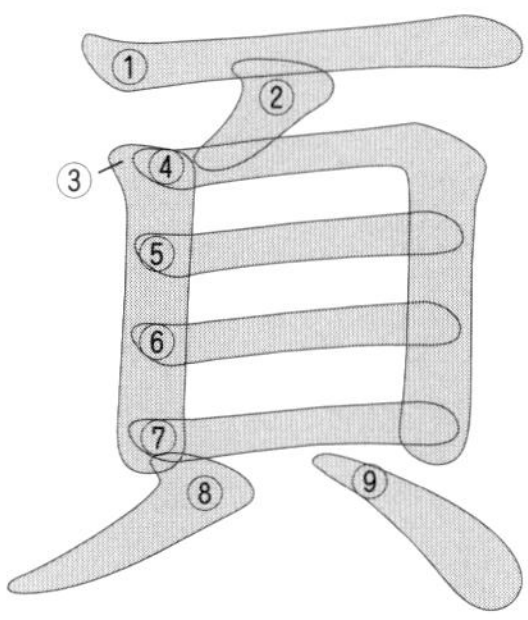

2年	3年	4年	5年	6年
頭 顔	題	順 類 願	領 額	頂 預

書《か》き方《かた》

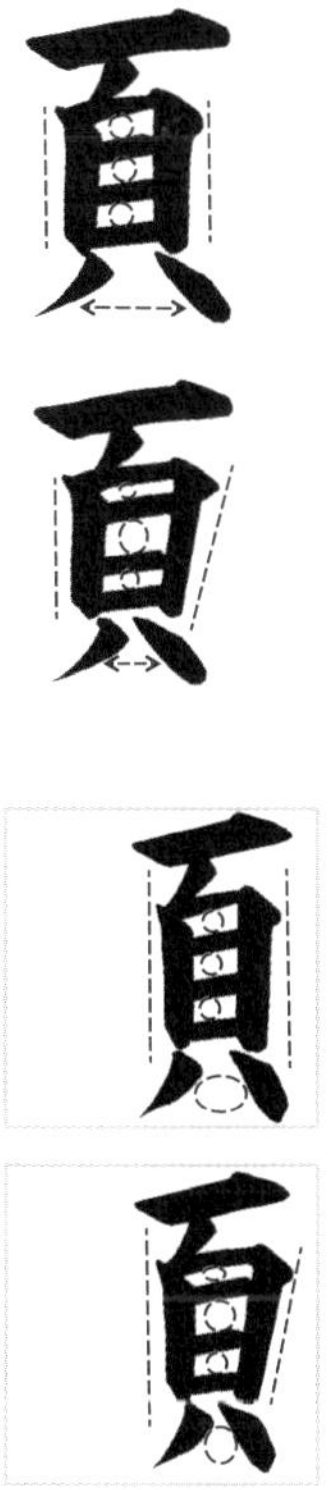

2年《ねん》

一頭《いっとう》の牛《うし》が、頭《あたま》のつのをふって、あるいています。

頭

トウ（ト）ズ
あたま（かしら）

16画《かく》

2年《ねん》

はずかしくて、顔《かお》が赤《あか》くなりました。

顔

ガン
かお

18画《かく》

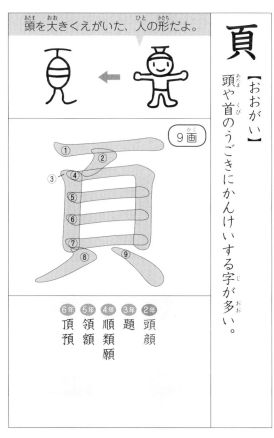

首

【くび】

頭《あたま》にかんけいする字《じ》が多《おお》い。

かみの毛《け》の生《は》えた頭《あたま》の形《かたち》だよ。

9画《かく》

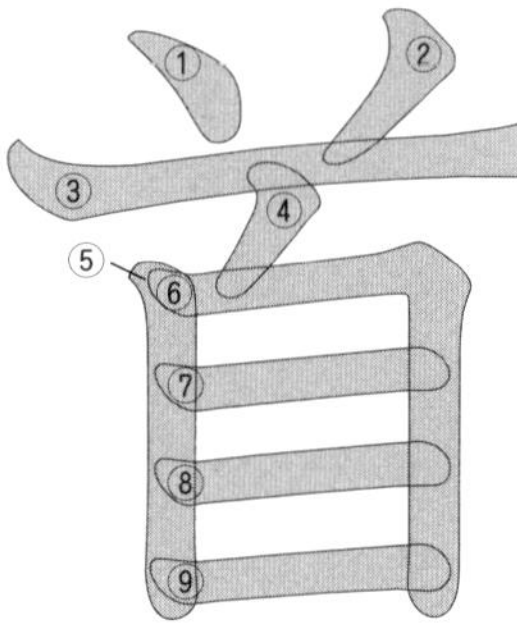

2年

首

書《か》き方《かた》

◎ △

2年《ねん》

女《じょ》王《おう》さまは、ダイヤモンドの首《くび》かざりを、首《くび》にまきました。

シュ
くび

首首首首首首首首首

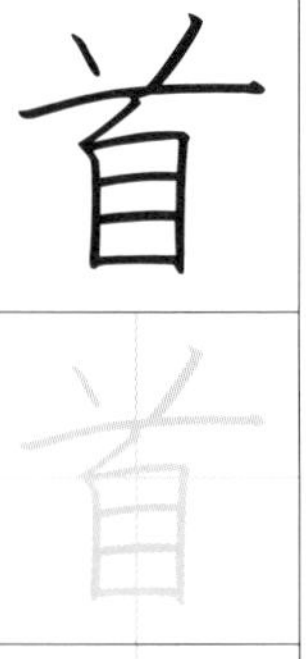

9画《かく》

手《て》がもとになった部首《ぶしゅ》

力

【ちから】

力《ちから》をこめること、はたらくことにかんけいする字《じ》が多《おお》い。

きん肉《にく》をもり上《あ》がらせて、力《ちから》をこめている形《かたち》だよ。

2画《かく》

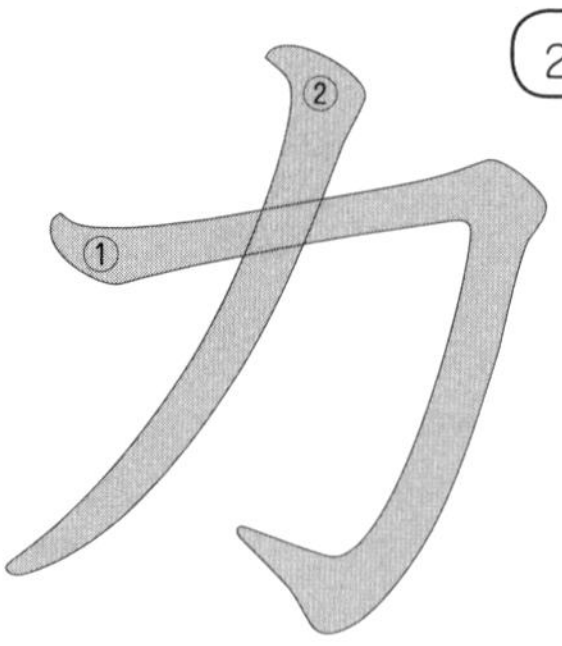

1年 力

3年 助 勉 動 勝

4年 加 功 努 労 勇

5年 効 務 勢

6年 勤

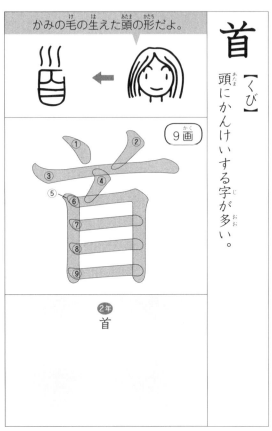

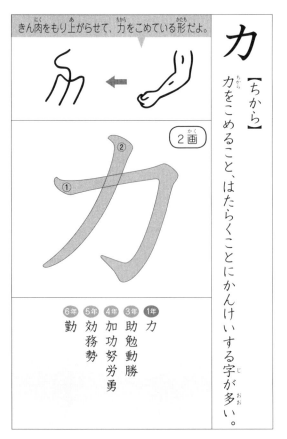

書《か》き方《かた》

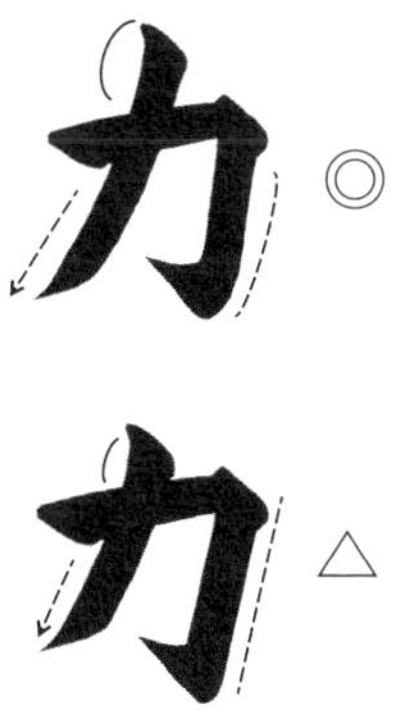

◎

△

1年《ねん》

力《ちから》もちで、こころのやさしい
男《おとこ》の人《ひと》を、すきになりました。

カカ

リョク
リキ
ちから

力

2画《かく》

又

【また】

手《て》のうごきにかんけいする字《じ》が多《おお》い。

右手《みぎて》の形《かたち》だよ。

2画《かく》

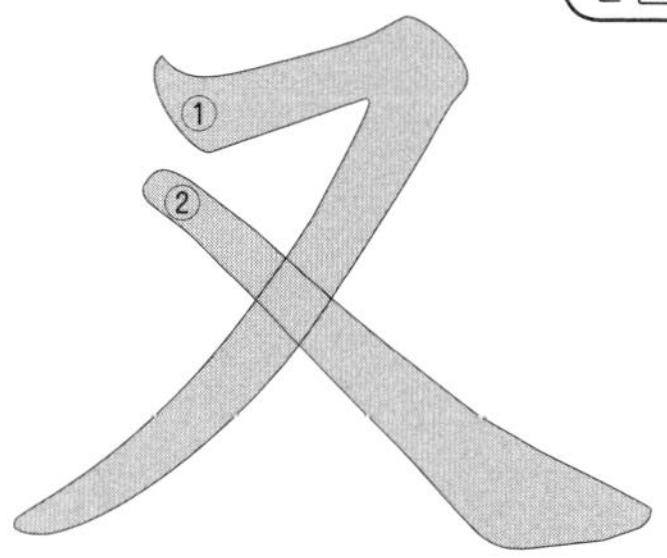

6年 収

3年 反 取 受

2年 友

書《か》き方《かた》

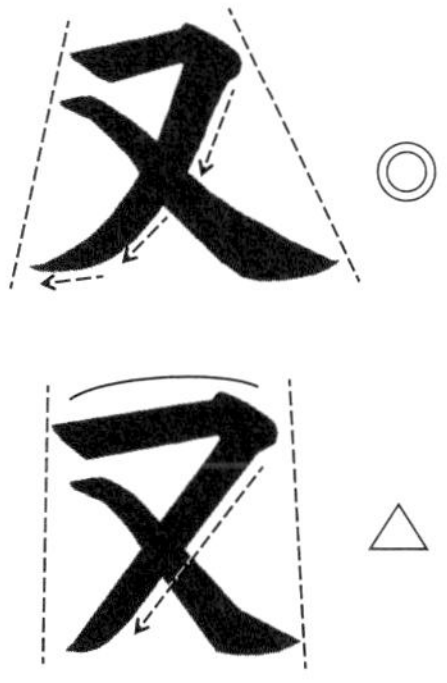

◎

△

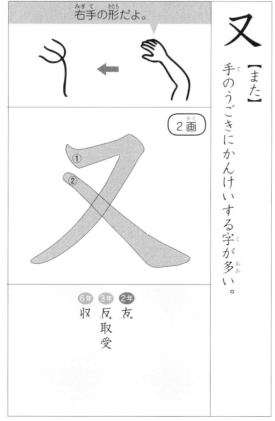

2年《ねん》

親《しん》友《ゆう》になれそうな友《とも》だちと、あく手《しゅ》をしました。

ユウ
とも

友

4画《かく》

友友友友

寸

【すん】

手《て》や、手《て》のうごきにかんけいする字《じ》が多《おお》い。

右手《みぎて》に、長《なが》さをしめす「一」をつけた形《かたち》だよ。

3画《かく》

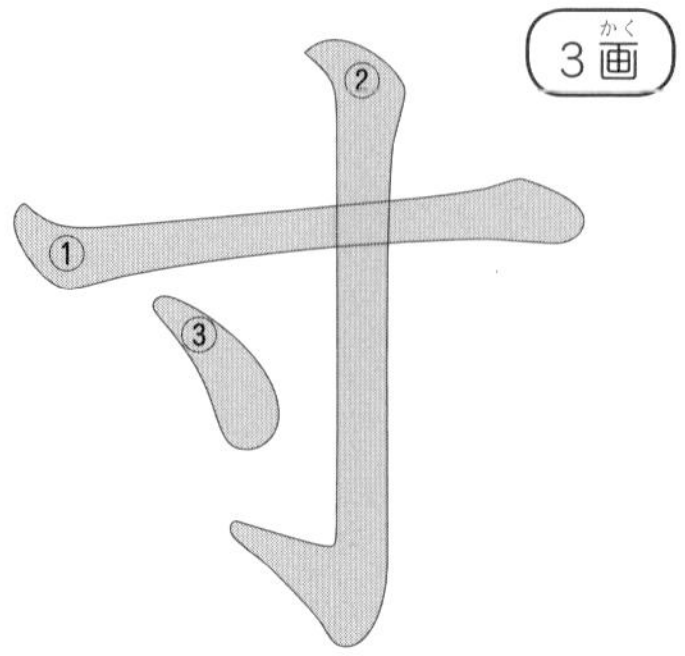

6年 寸専射将尊
5年 導
3年 対
2年 寺

書《か》き方《かた》

2年《ねん》

山《やま》の上《うえ》から、とおくのお寺《てら》をゆびさしました。

ジ
てら

寺

6画《かく》

寺寺寺寺寺寺

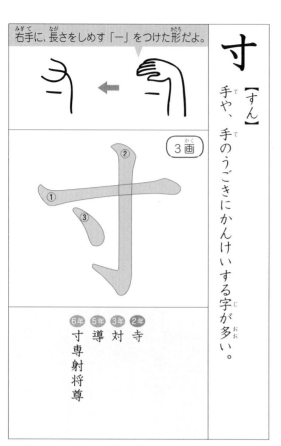

手（扌）

【て（てへん）】

手《て》にかんけいする字《じ》が多《おお》い。

手《て》の形《かたち》だよ。

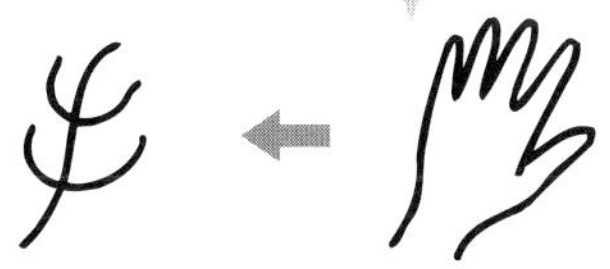

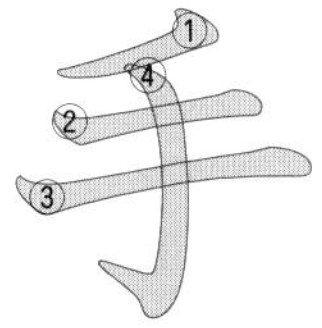

4画《かく》

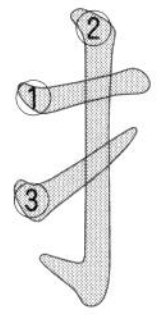

3画《かく》

1年　手

2年　才

3年　打　投　指　持　拾

4年　折　挙

5年　技　招　採　授　接　提　損

6年　批　拡　承　担　拝　捨　推　探　揮　操

書《か》き方《かた》

1年《ねん》

みんな、そのスターに手《て》をふったり、はく手《しゅ》をしたりしました。

手

シュ

て

（た）

手　手

手手手手

4画《かく》

2年《ねん》

その十才《じっさい》の少年《しょうねん》は、しょうぎの天才《てんさい》だといわれています。

才

サイ

才　才

才才才

3画《かく》

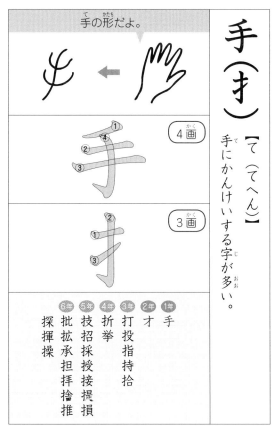

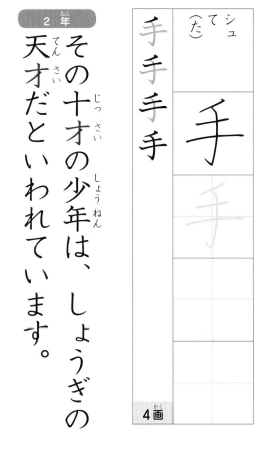

攵

手《て》にぼうをもってたたく形《かたち》だよ。

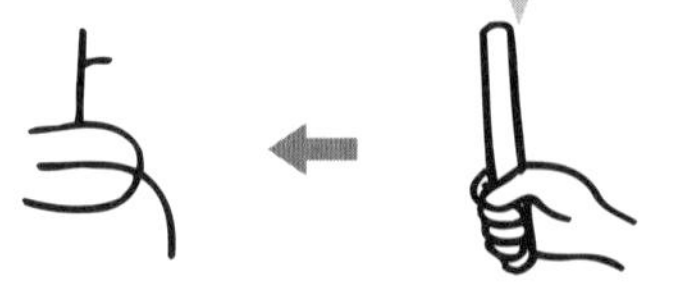

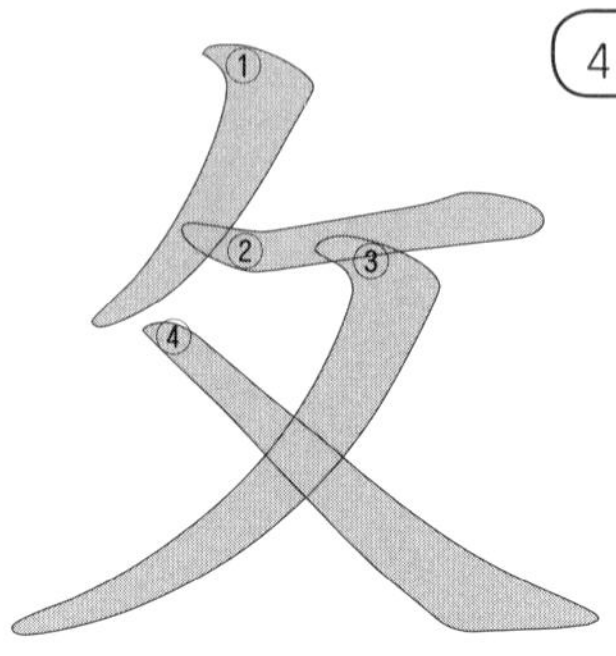

4画《かく》

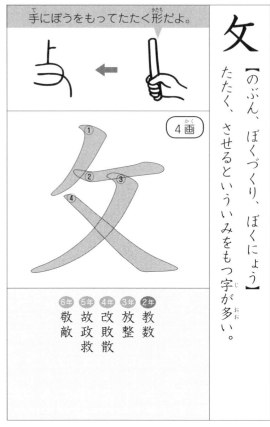

【のぶん、ぼくづくり、ぼくにょう】

たたく、させるといういみをもつ字《じ》が多《おお》い。

2年	3年	4年	5年	6年
教	放	改	故	敬
数	整	敗	政	敵
		散	救	

書《か》き方《かた》

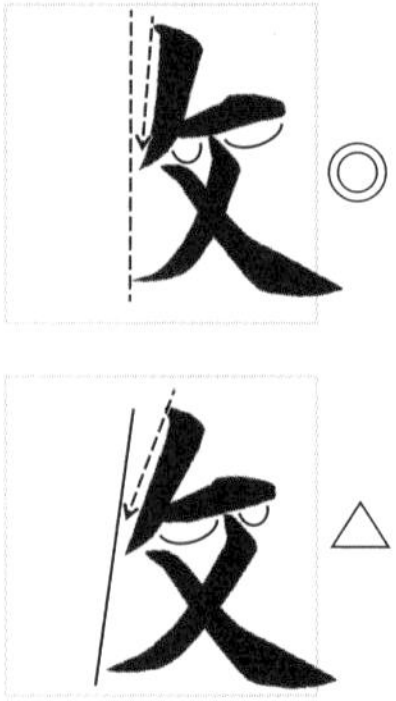

2年《ねん》

教《おし》えてもらった星《せい》ざをゆびさして、ながれ星《ぼし》を数《かぞ》えました。

教

キョウ
おしえる
おそわる

11画《かく》

数

スウ
(ス)
かず
かぞえる

13画《かく》

足《あし》

がもとになった部《ぶ》首《しゅ》

夂

【ふゆがしら】

「夂」の形《かたち》をもつ字《じ》のなかま。「夂」は足《あし》をあらわす。

下《した》をむいた足《あし》の形《かたち》だよ。

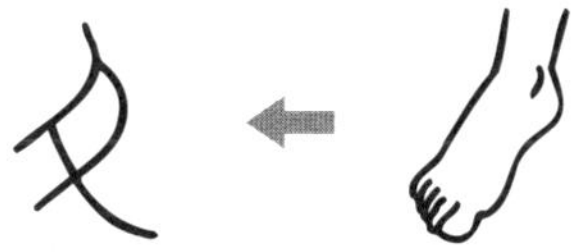

3画《かく》

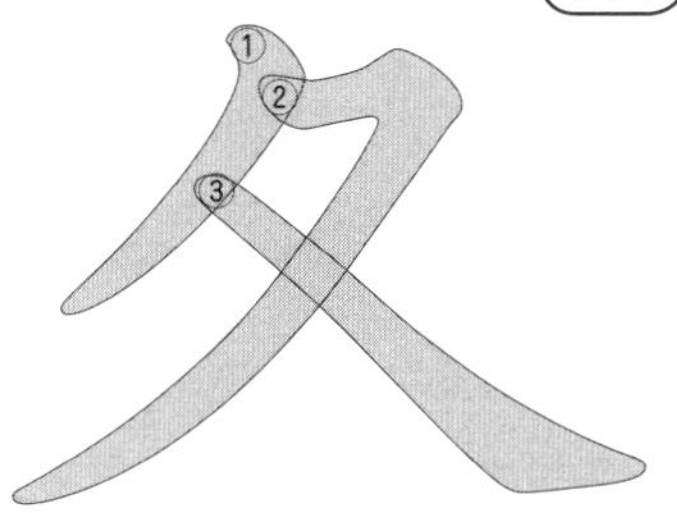

4年 変

2年 冬 夏

書き方《かきかた》

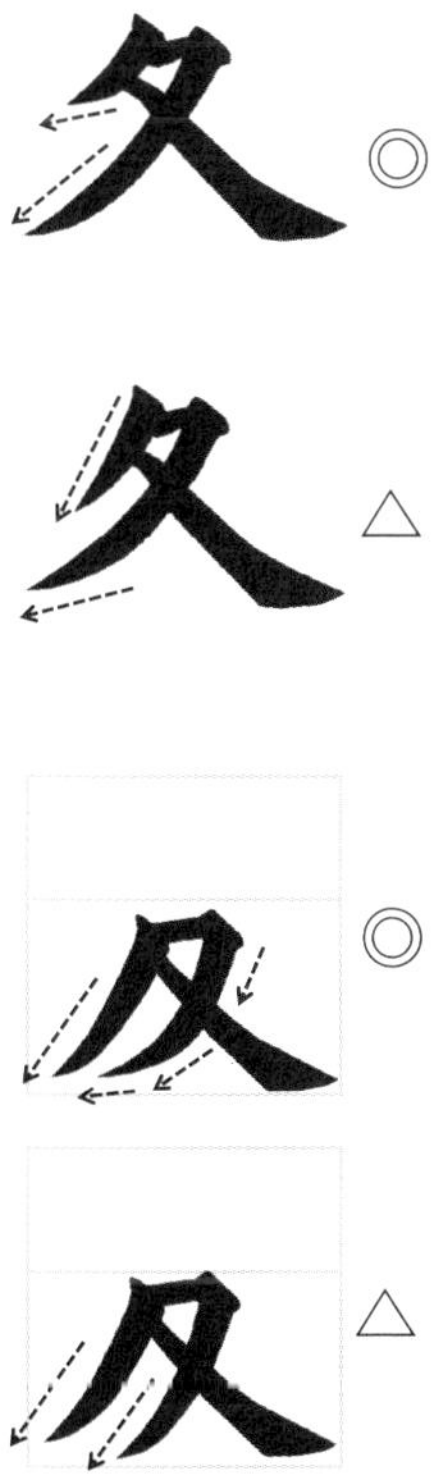

2年《ねん》

冬《ふゆ》は、山《やま》へスキーをしに行《い》き、夏《なつ》は、海《うみ》へおよぎに行《い》きます。

冬

トウ
ふゆ

5画《かく》

夏

カ
（ゲ）
なつ

10画《かく》

辶

【しんにょう、しんにゅう】

行《い》くこと、すすむことにかんけいする字《じ》が多《おお》い。

十字《じゅうじ》ろのかたがわに、足《あし》を合《あ》わせた形《かたち》だよ。

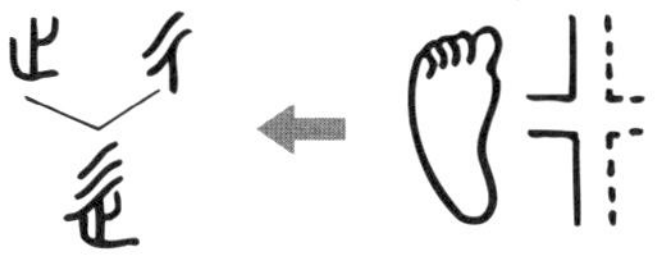

3画《かく》

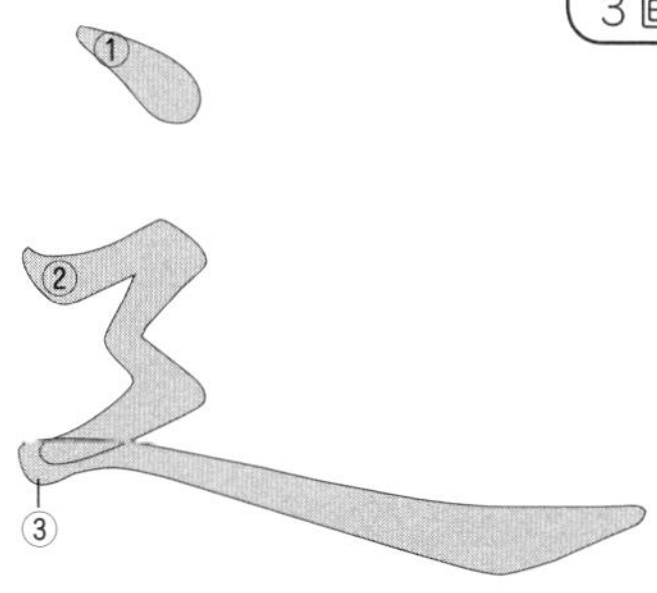

2年 近通週道遠

3年 返送追速進運遊

4年 辺連達選

5年 述逆迷造過適

6年 退遺

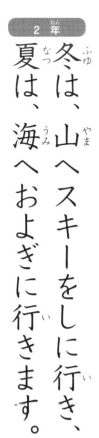

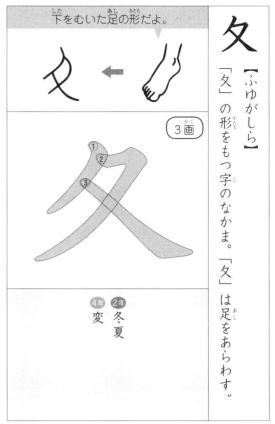

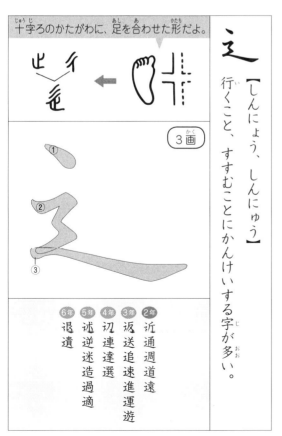

書《か》き方《かた》

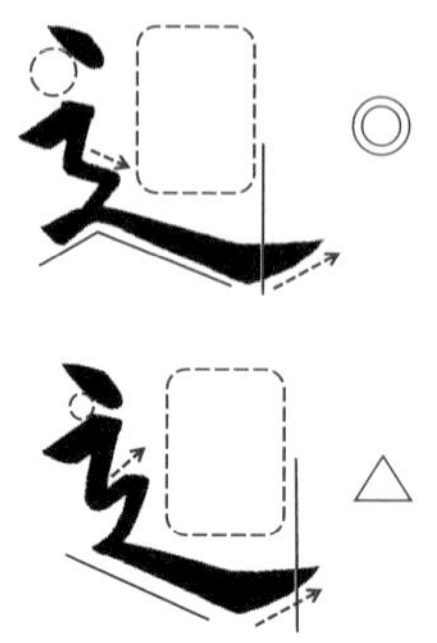

2年《ねん》

こん虫《ちゅう》をかんさつするため、近《ちか》くの森《もり》に通《かよ》っています。

近

キン
ちかい

7画《かく》

通

ツウ―(ツ)
とおる
とおす
かよう

10画《かく》

2年《ねん》

来週《らいしゅう》は、楽《たの》しいクリスマスです。くつ下《した》をよういして、まちます。

週

シュウ
―

11画《かく》

2年《ねん》

遠足《えんそく》で、すみれのさく山道《やまみち》を歩《ある》きました。

遠

エン
(オン)
とおい

13画《かく》

ドウ
（トウ）
みち

道

道道道道道道道道道道

12画《かく》

止

【とめる、とめへん】

歩《ある》くこと、すすむことにかんけいする字《じ》が多《おお》い。

足《あし》の形《かたち》だよ。

4画《かく》

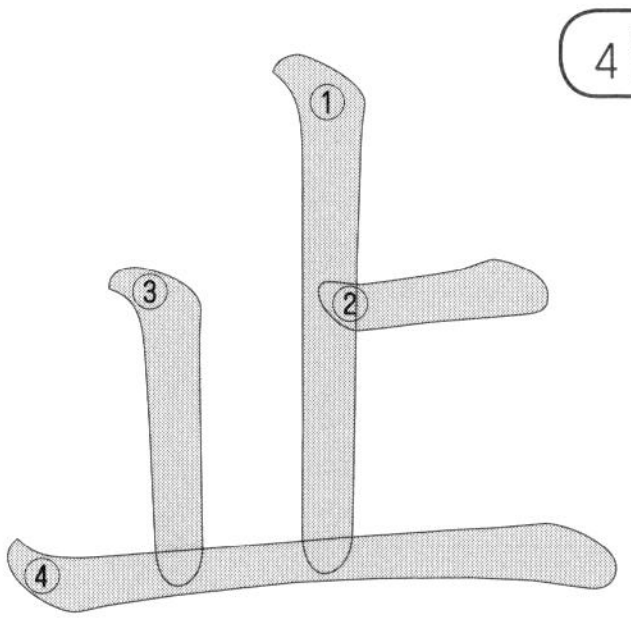

1年 正

2年 止 歩

5年 武 歴

書《か》き方《かた》

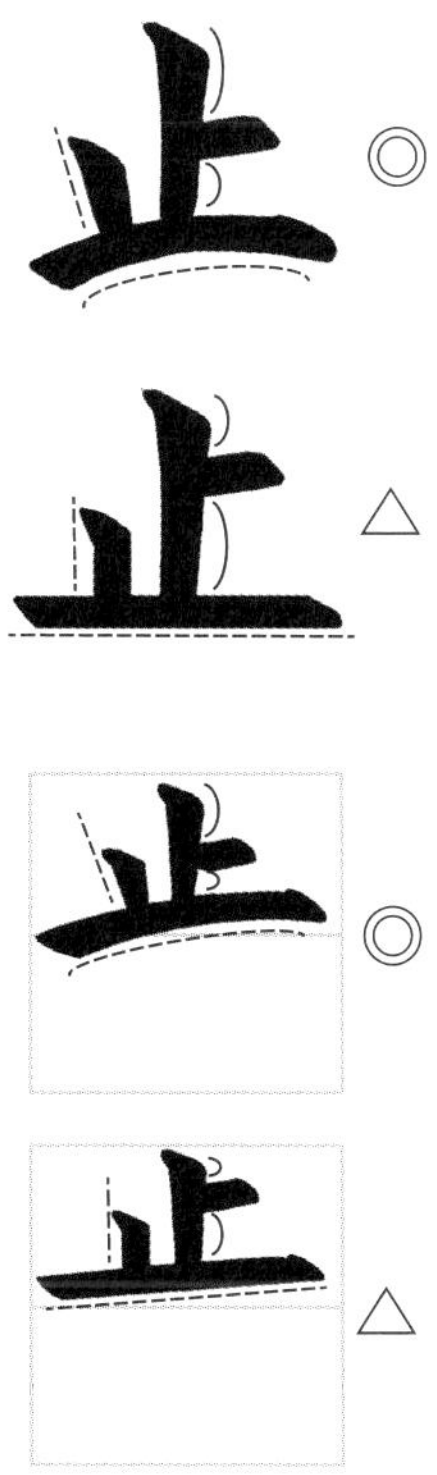

1年《ねん》

めいろの中《なか》を、正《ただ》しいほうこうにむかって、すすみましょう。

セイ｜ショウ
ただしい
ただす
まさ

正

正正正正正

5画《かく》

2年《ねん》

左《ひだり》の道《みち》は、行《い》き止《ど》まりですよ。
右《みぎ》の道《みち》は、立《た》ち入《い》りきん止《し》です。

シ
とまる
とめる

止

止止止止

4画《かく》

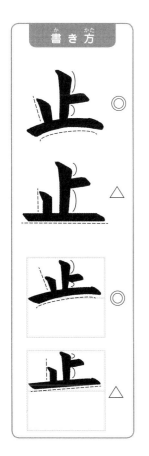

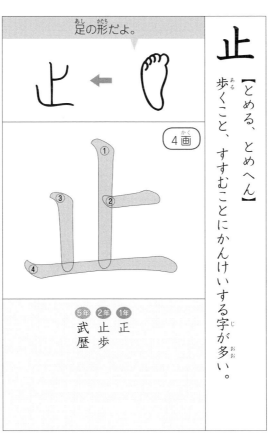

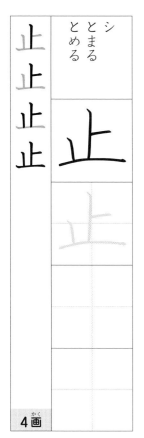

2年《ねん》

歩《ある》きに歩《ある》いて、とうとう
となりの国《くに》につきました。

ホ
（ブ）—（フ）
あるく
あゆむ

歩

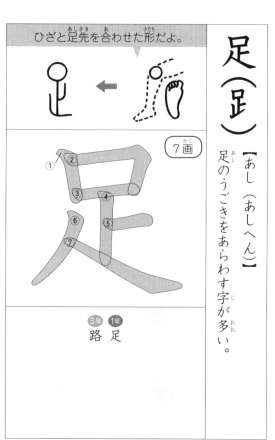

歩歩歩歩歩歩歩歩

8画《かく》

足（⻊）

【あし（あしへん）】

足《あし》のうごきをあらわす字《じ》が多《おお》い。

ひざと足先《あしさき》を合《あ》わせた形《かたち》だよ。

7画《かく》

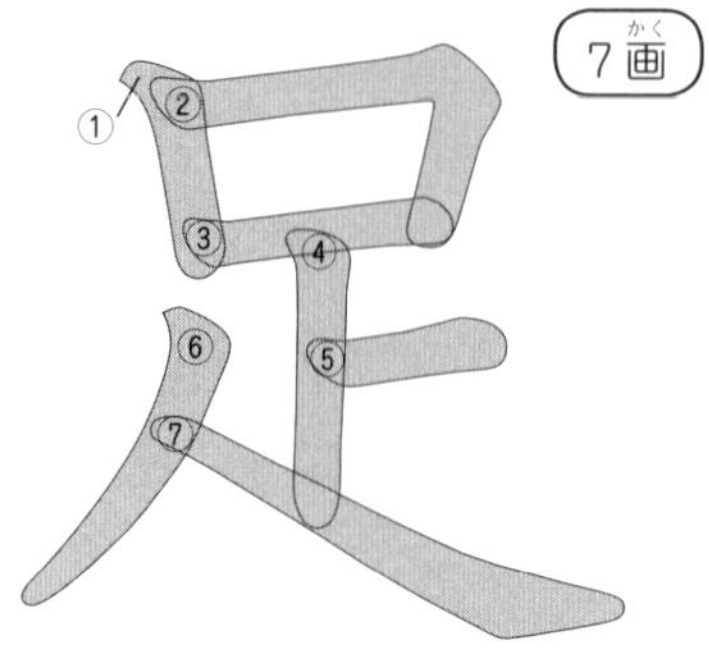

3年 路

1年 足

書《か》き方《かた》

1年《ねん》

えん足《そく》で、足《あし》をけがした子《こ》を
たすけました。

ソク
あし
たりる
たる—たす

足

足足足足足足足

7画《かく》

走

【はしる、そうにょう】

走《はし》ること、とび上《あ》がることにかんけいする字《じ》が多《おお》い。

手足《てあし》を広《ひろ》げた人《ひと》と、足《あし》を合《あ》わせた形《かたち》だよ。

7画《かく》

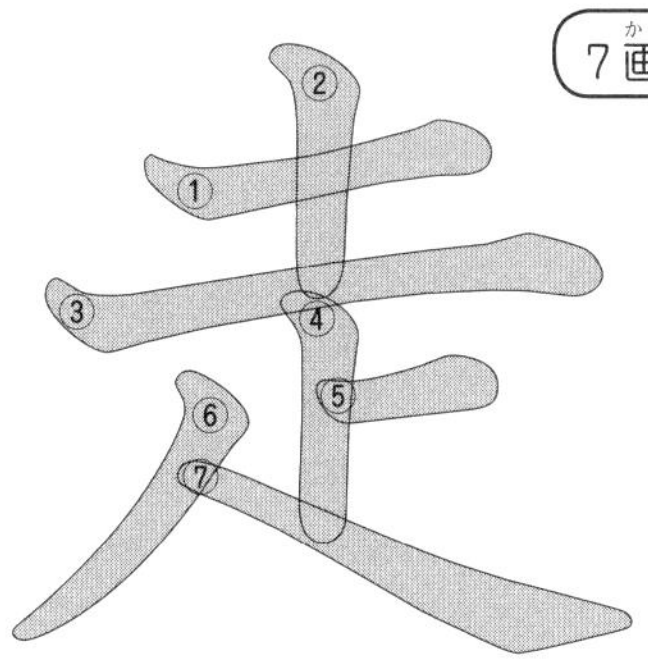

3年　2年

起　走

書《か》き方《かた》

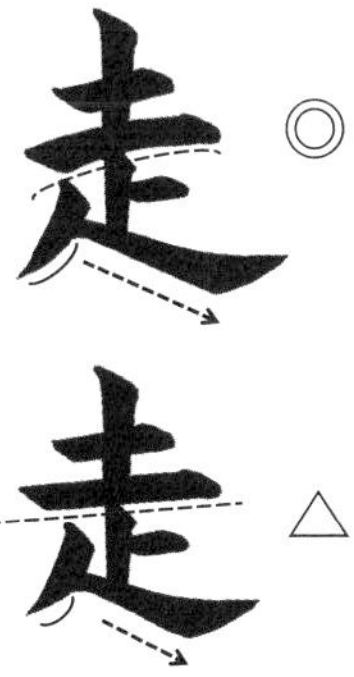

2年《ねん》

リレーの走《そう》しゃが、バトンをもって、走《はし》っていきました。

走　ソウ　はしる

走 走 走 走 走 走 走

走

7画《かく》

心《こころ》と体《からだ》

がもとになった部首《ぶしゅ》

心（忄）

【こころ（りっしんべん）】

心《こころ》にかんけいする字《じ》が多《おお》い。

心《しん》ぞうの形《かたち》だよ。

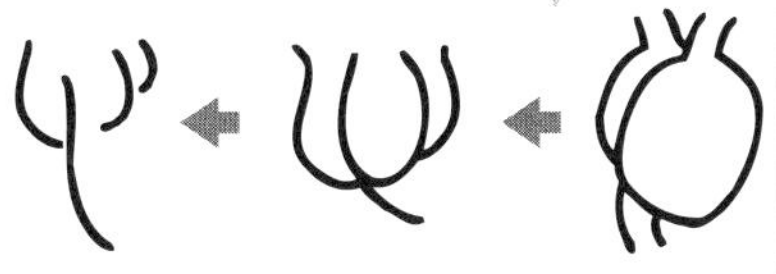

4画《かく》

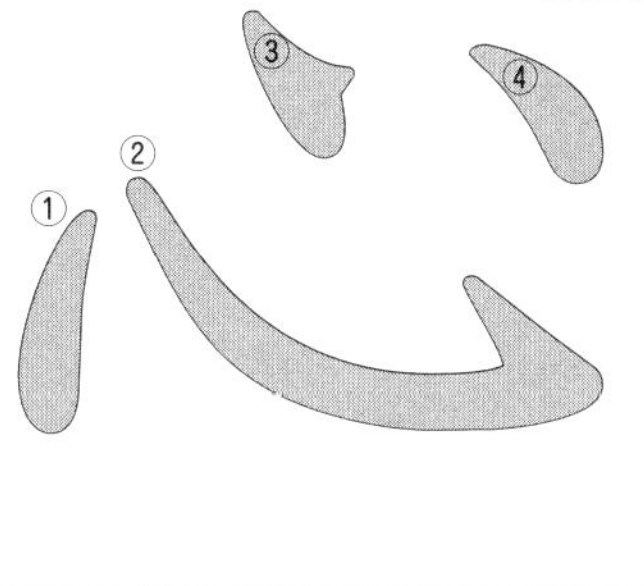

2年	3年	4年	5年	6年
心思	急息悪悲意感想	必念愛	応志快性情態慣	忘忠恩憲

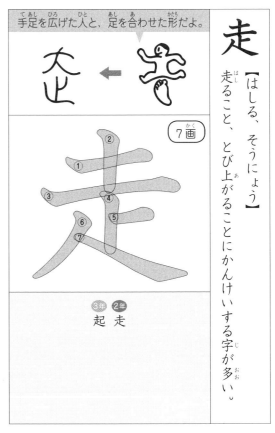

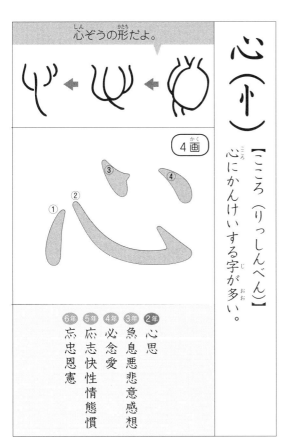

書《か》き方《かた》

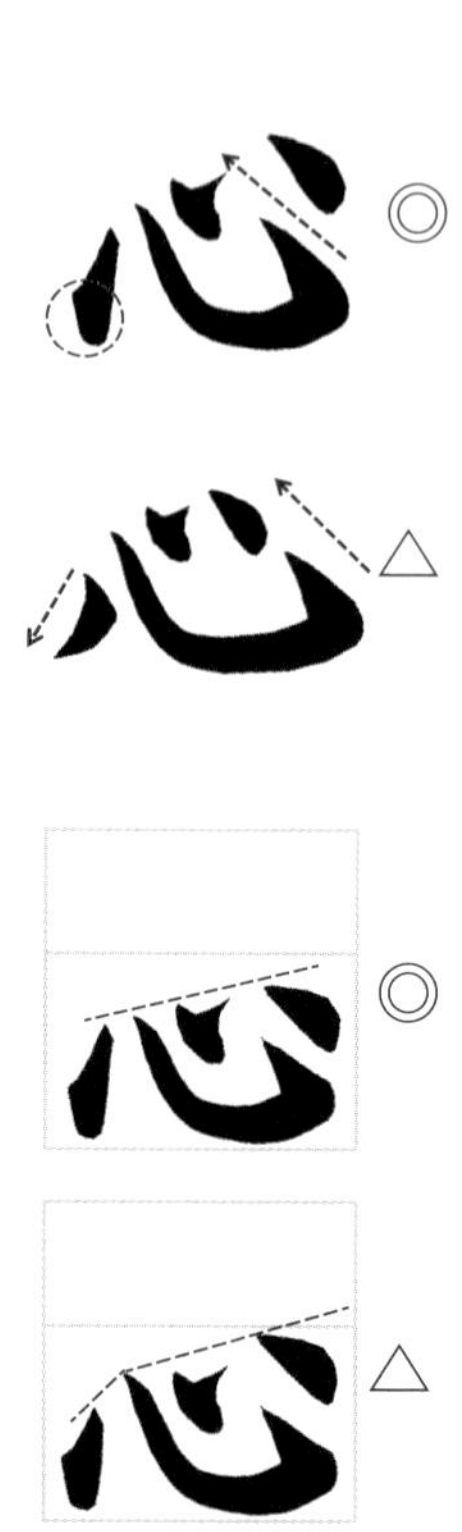

2年《ねん》

星《ほし》空《ぞら》を見《み》て、心《こころ》から、きれいだなと思《おも》いました。

心

シン
こころ

心 心 心 心

4画《かく》

思

シ
おもう

思 思 思 思 思 思 思 思 思

9画《かく》

肉（月）

【にく（にくづき）】

肉《にく》や、人《ひと》の体《からだ》にかんけいする字《じ》が多《おお》い。

しわのよった、やわらかい肉《にく》の形《かたち》だよ。

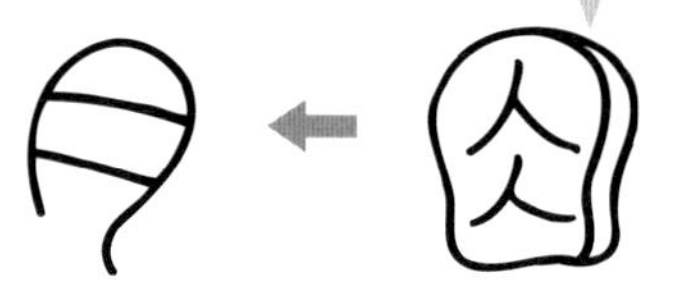

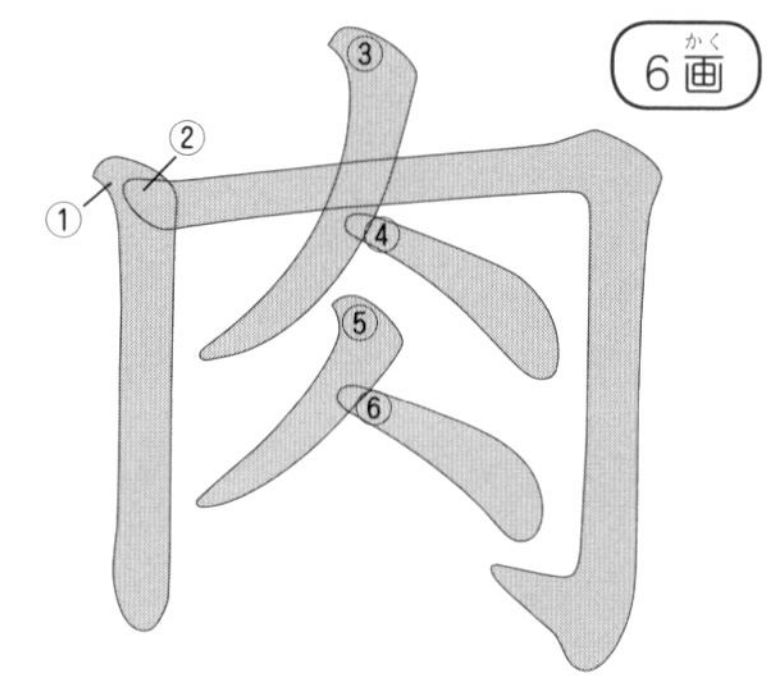

2年	3年	5年	6年
肉	育	肥能脈	胃背肺胸脳腸腹臓

書《か》き方《かた》

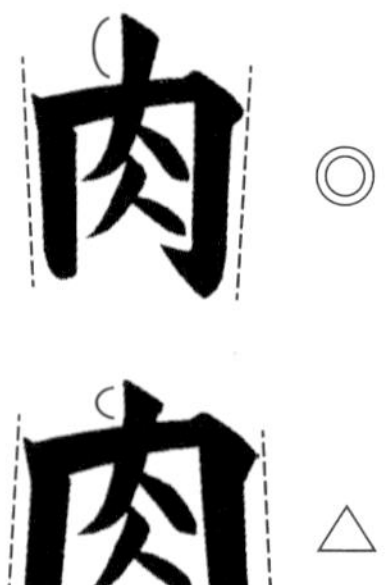

2年《ねん》

ぶた肉《にく》やとり肉《にく》を食《た》べると、ぼくの体《からだ》の肉《にく》になります。

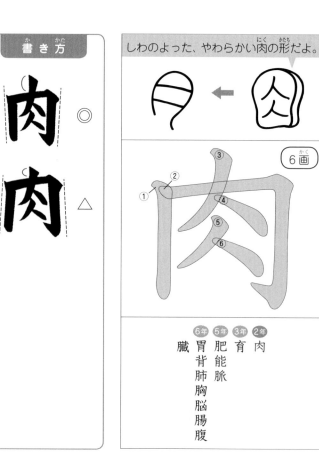

肉

ニク

肉肉肉肉肉肉

6画《かく》

すがた

部首《ぶしゅ》がもとになった

人（イ、𠆢）【ひと（にんべん、ひとやね）】

人《ひと》のようすやうごきにかんけいする字《じ》が多《おお》い。

立《た》っている人《ひと》を、よこから見《み》た形《かたち》だよ。

2画《かく》

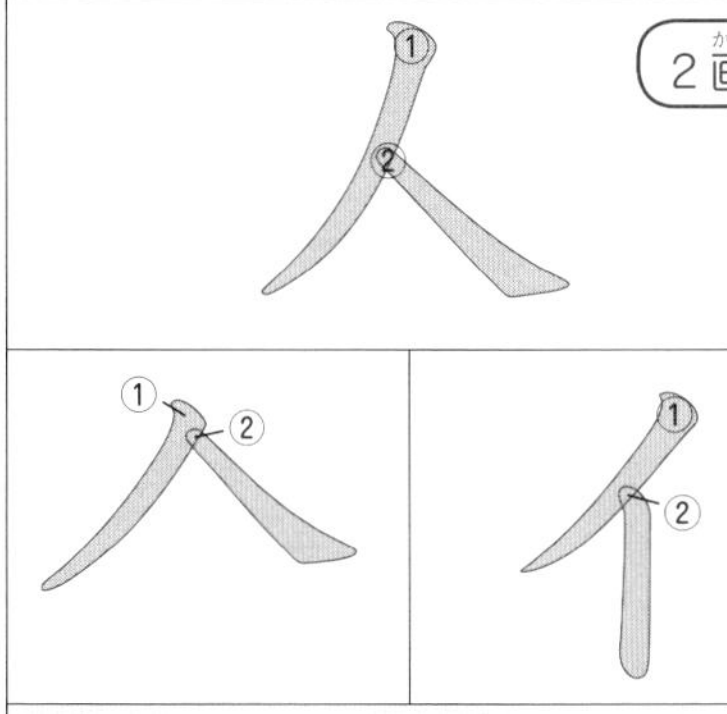

1年：人休

2年：今会何作体

3年：仕他代全住使係倍

4年：以付令仲伝位佐低例信便候借倉健側働億

5年：仏仮件任似余価舎保個修停備像

6年：仁供値俳俵傷優

書《か》き方《かた》

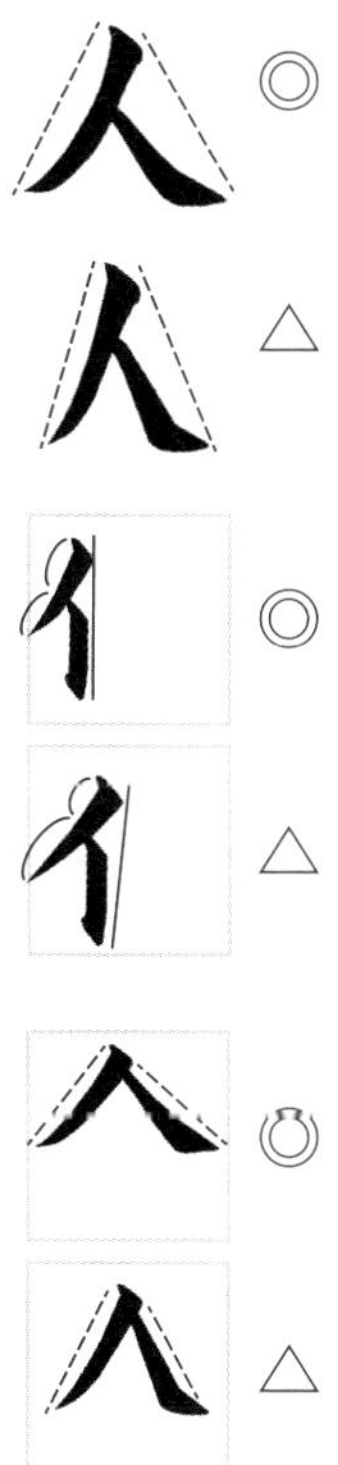

1年《ねん》

たび人《びと》は、木《こ》かげに入《はい》って休《やす》みました。

人

ジン
ニン
ひと

人人

2画《かく》

休

キュウ
やすむ
やすまる
やすめる

休休休休休休

6画《かく》

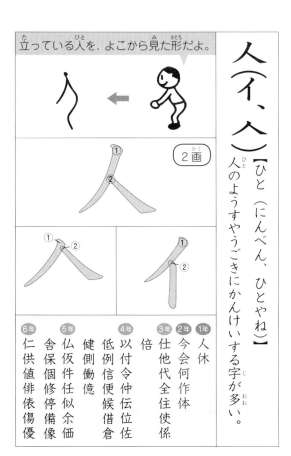

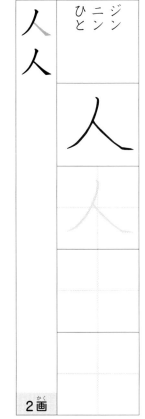

2年《ねん》

今《いま》から、となりの国《くに》の
王《おう》さまに会《あ》いに行《い》こう。

今

コン
(キン)
いま

今今今今

4画《かく》

会

カイ
(エ)
あう

会会会会会会

6画《かく》

2年《ねん》

ばんごはんには何《なに》を作《つく》ろうか
と、お母《かあ》さんが言《い》いました。

何

(カ)
なに
なん

何何何何何何何

7画《かく》

作

サク
サ
つくる

作作作作作作作

7画《かく》

2年《ねん》

まい日《にち》、体《たい》そうをして、
体《からだ》をきたえるつもりです。

体

タイ
(テイ)
からだ

体体体体体体体

7画《かく》

儿

【ひとあし、にんにょう】

人《ひと》にかんけいする字《じ》が多《おお》い。

立《た》ったり、ひざまずいたりする人《ひと》の下半《かはん》しんの形《かたち》だよ。

2画《かく》

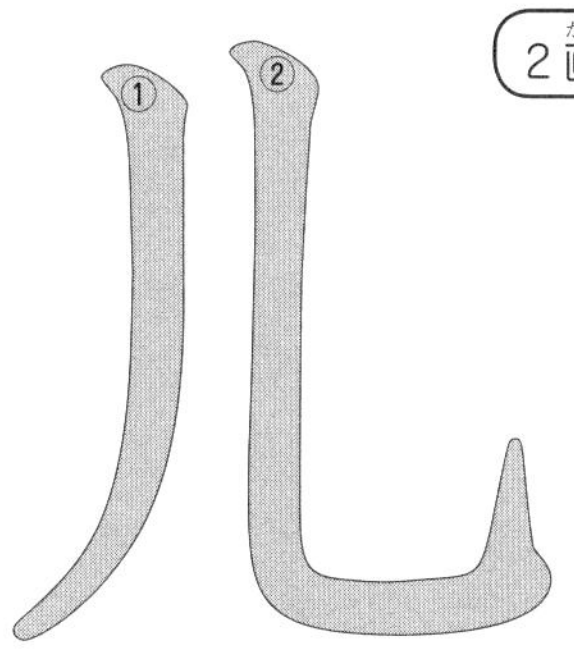

1年 先

2年 元 兄 光

4年 兆 児

6年 党

書《か》き方《かた》

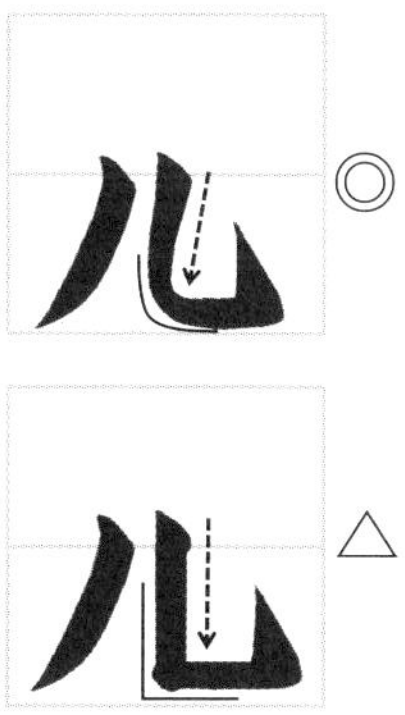

1年《ねん》

バレリーナは、つま先《さき》で立《た》って、おどります。

先

セン
さき

6画《かく》

2年《ねん》

兄《にい》さんと、元気《げんき》よく外《そと》であそびました。

兄

(ケイ)
キョウ
あに
にい*

5画《かく》

*「にい」は、とくべつなよみ方《かた》としてならいます。

元

ゲン
ガン
もと

4画《かく》

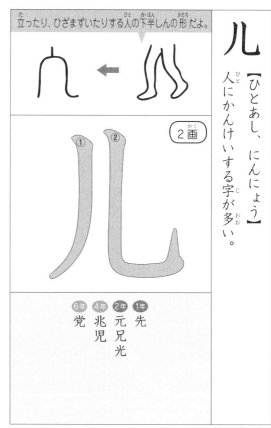

2年《ねん》

光《ひか》る金《きん》メダルをとりたくて、いっしょうけんめい走《はし》ります。

光

コウ
ひかる
ひかり

光 光 光 光 光 光

6画《かく》

ヒ 【ひ】

くらべることや、かわることにかんけいする字《じ》が多《おお》い。

右《みぎ》をむいた人《ひと》の形《かたち》だよ。

2画《かく》

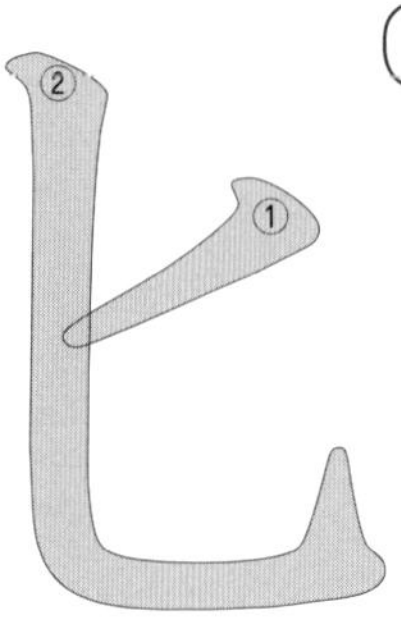

3年 化
2年 北

書《か》き方《かた》

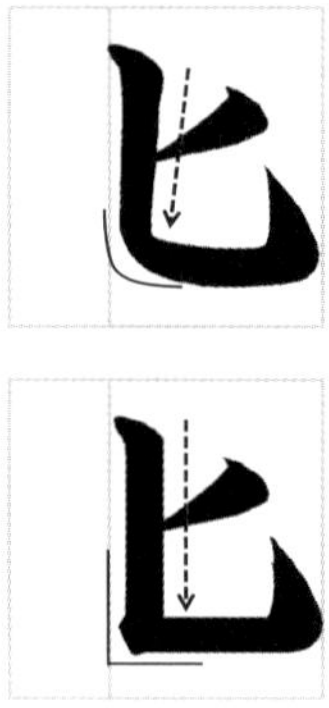

◎
△

2年《ねん》

北《ほっ》海《かい》道《どう》は、東《とう》京《きょう》より北《きた》にあり、雪《ゆき》がたくさんふります。

北

ホク
きた

北 北 北 北 北

5画《かく》

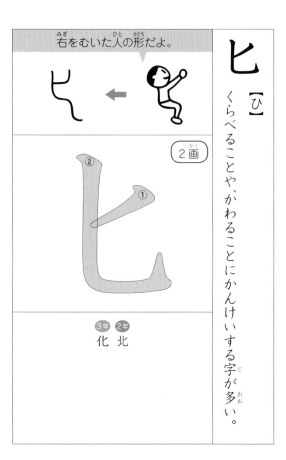

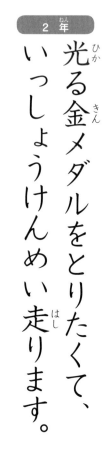

大

【だい】

大《おお》きいことや、人《ひと》の体《からだ》にかんけいする字《じ》が多《おお》い。

人《ひと》が手足《てあし》を広《ひろ》げて立《た》っているすがただよ。

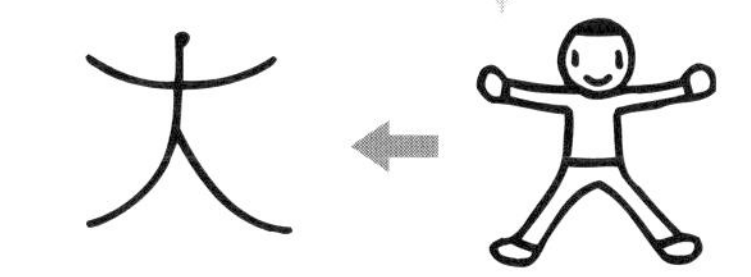

3画《かく》

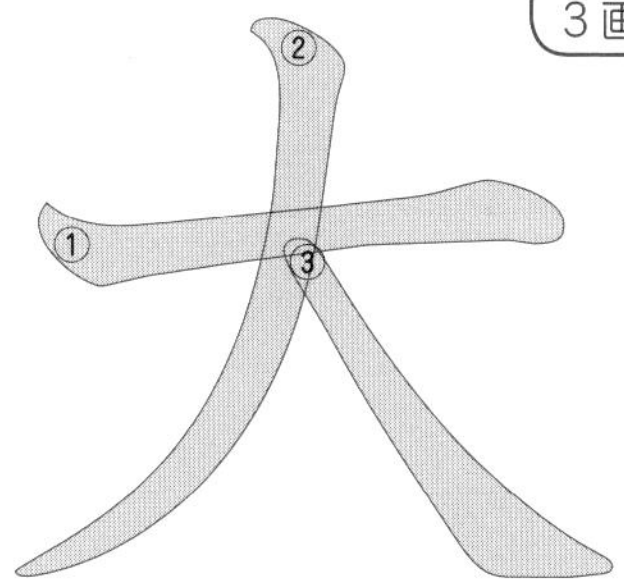

1年	2年	3年	4年	6年
大 天	太	央	夫 失 奈	奏 奮

書《か》き方《かた》

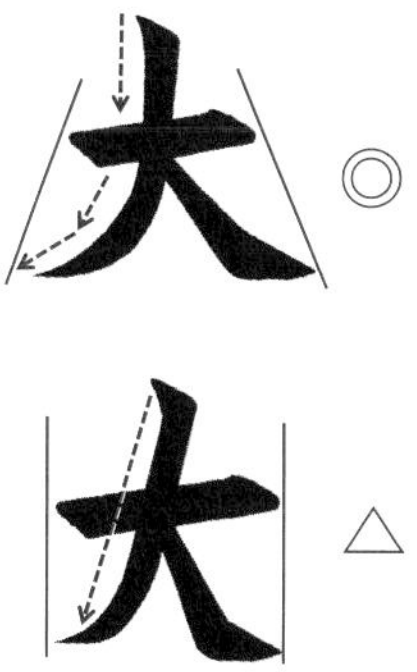

1年《ねん》

大《おお》きなくもが、天《てん》にそびえるおしろのように見《み》えます。

大

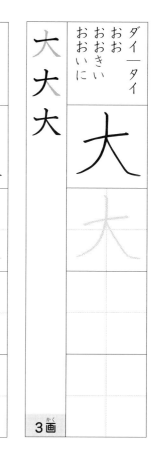

ダイ—タイ
おお
おおきい
おおいに

大 大 大

3画《かく》

天

テン
あま
（あめ）

天 天 天 天

4画《かく》

2年《ねん》

太《ふと》い木《き》のみきには、大《おお》きなカブトムシがいました。

太

タイ
タ
ふとい
ふとる

太 太 太 太

4画《かく》

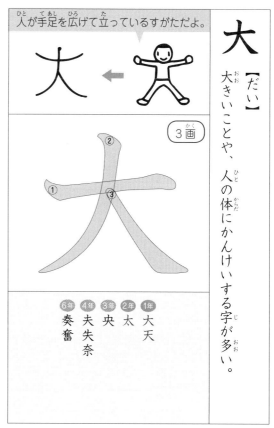

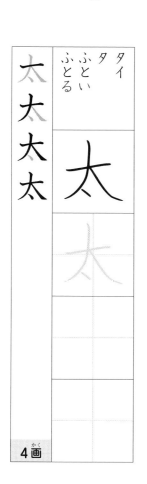

立【たつ】

立《た》つことにかんけいする字《じ》が多《おお》い。

地《じ》めんにりょう足《あし》で立《た》っている人《ひと》のすがただよ。

5画《かく》

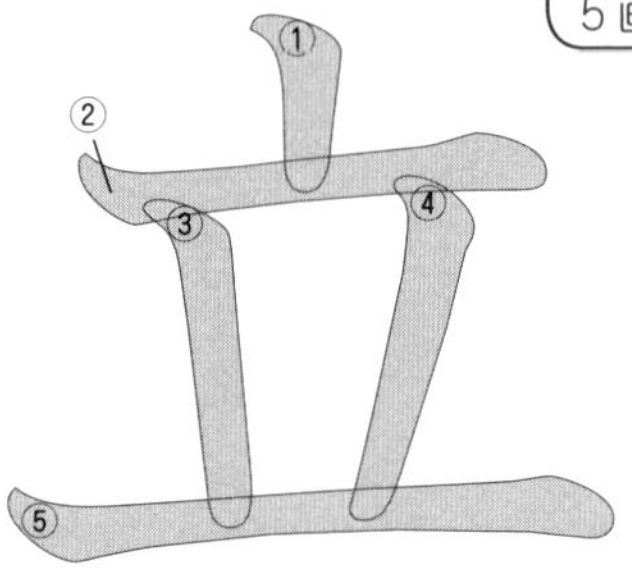

1年 立
3年 章 童
4年 競

書《か》き方《かた》

立 ◎

立 △

1年《ねん》

ねむりひめのそばに、王子《おうじ》さまが立《た》っています。

リツ
（リュウ）
たつ
たてる

立立立立立

立

立

5画《かく》

色【いろ】

顔《かお》や顔色《かおいろ》、すがたなどをあらわす字《じ》が多《おお》い。

二人《ふたり》の人《ひと》がよりそった形《かたち》だよ。

6画《かく》

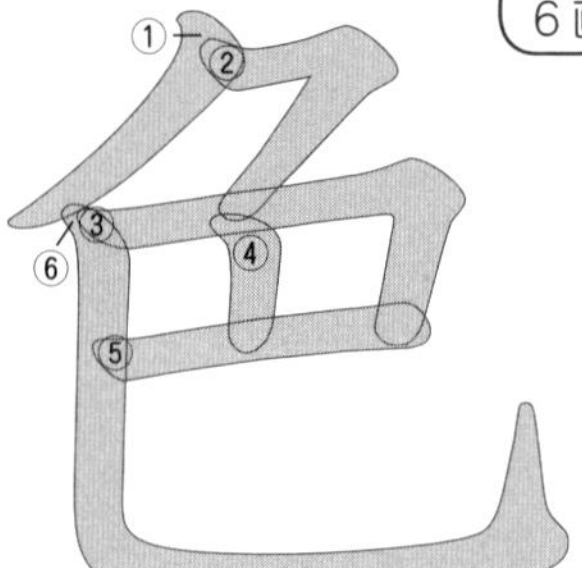

2年 色

書《か》き方《かた》

色 ◎

色 △

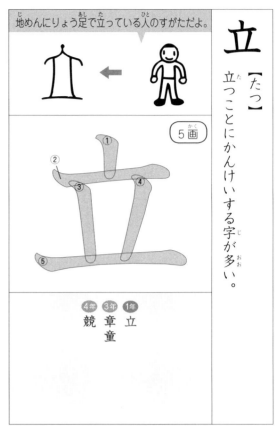

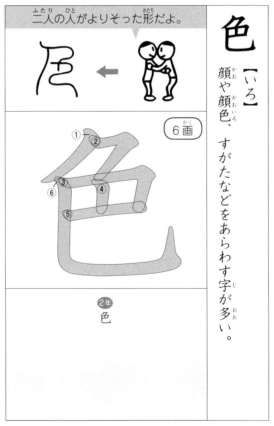

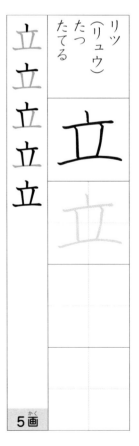

2年《ねん》

赤《あか》い色《いろ》や青《あお》い色《いろ》の花《はな》をつんで、かみかざりにしました。

ショク
シキ
いろ

色

色色色色色色

6画《かく》

家《か》ぞく

部首《ぶ しゅ》がもとになった

女

【おんな、おんなへん】

女《おんな》の人《ひと》や、そのようすにかんけいする字《じ》が多《おお》い。

6年	5年	4年	3年	2年	1年
姿	妻	好	委	姉	女
	婦	媛	始	妹	

書《か》き方《かた》

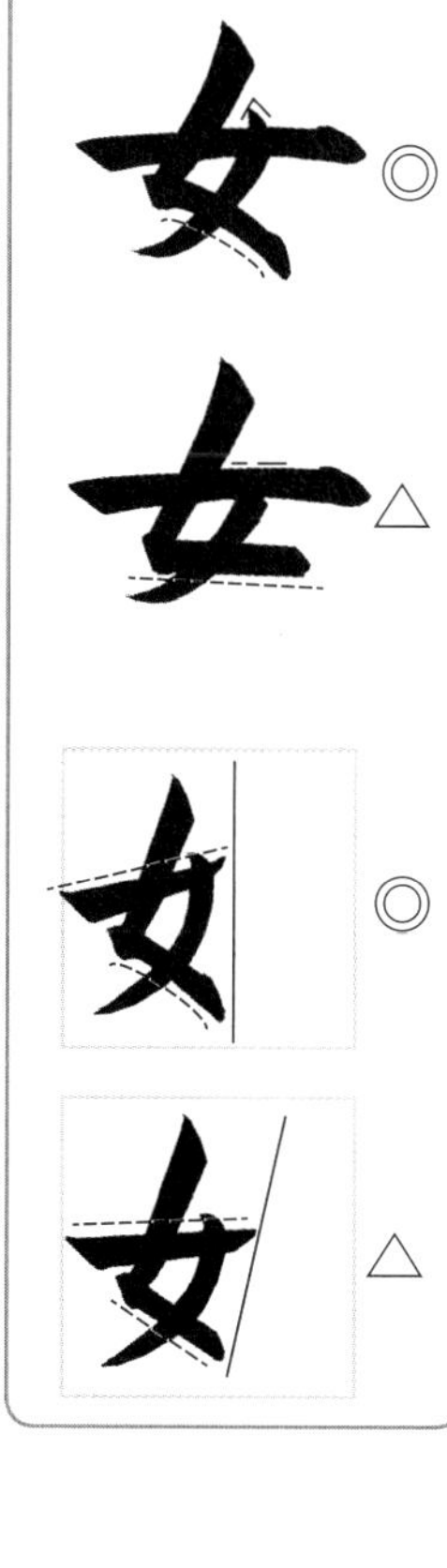

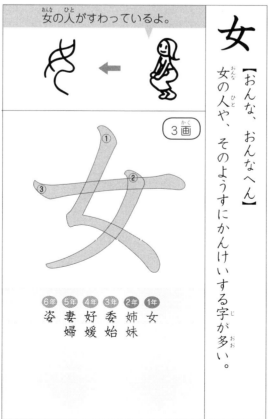

1年《ねん》

女《おんな》の人《ひと》が王《おう》さまになると、女《じょ》王《おう》さまとよばれます。

女

ジョ
（ニョ）
（ニョウ）
おんな
（め）

女

女女女

3画《かく》

2年《ねん》

わたしたちは三《さん》人《にん》姉《し》妹《まい》です。姉《あね》は十《じっ》才《さい》、妹《いもうと》は三《さん》才《さい》です。

姉

（シ）
あね

姉

姉姉姉姉姉姉姉姉

8画《かく》

妹

（マイ）
いもうと

妹

妹妹妹妹妹妹妹妹

8画《かく》

子

【こ、こへん】

子《こ》どもにかんけいのある字《じ》が多《おお》い。

小《ちい》さな赤《あか》ちゃんだよ。

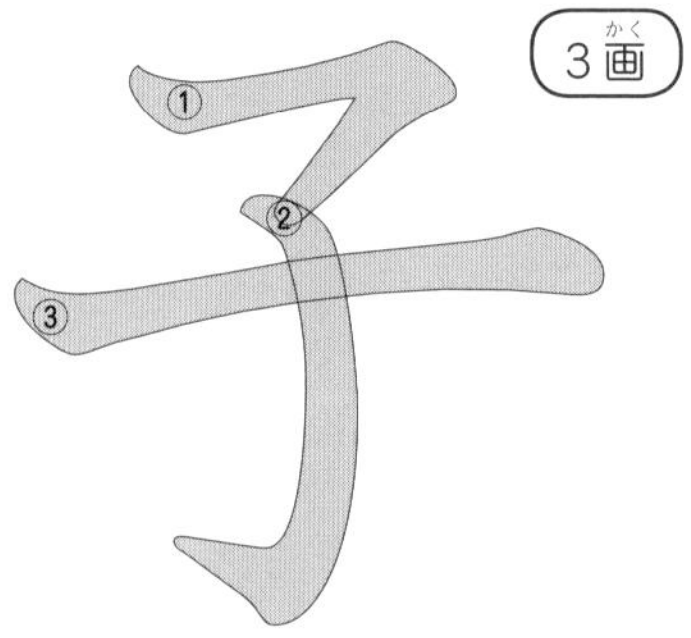

1年 子 字 学

4年 季 孫

6年 存 孝

書《か》き方《かた》

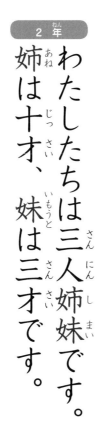

1年《ねん》

先生《せんせい》が子《こ》どものころは、どんな子《こ》だったのかな。

子

シ ス コ

子 子 子

3画《かく》

1年《ねん》

学校《がっこう》でならった字《じ》をつかって、あの子《こ》に手《て》がみをかこう。

学

ガク まなぶ

学 学 学 学 学 学 学 学

8画《かく》

字

ジ (あざ)

字 字 字 字 字 字

6画《かく》

士

【さむらい】

一人前《いちにんまえ》の男《おとこ》をあらわす字《じ》と、「出《で》る」いみをもつ字《じ》が多《おお》い。

地《じ》めんに1本《ぽん》のぼうを立《た》てたようすだよ。

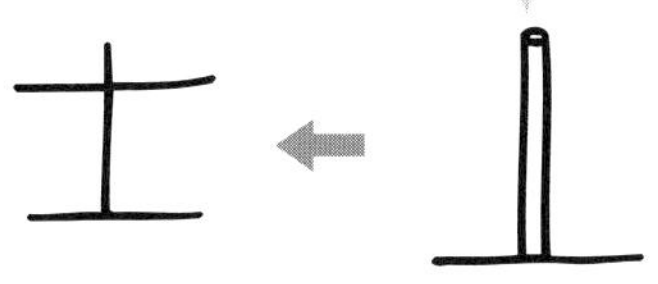

3画《かく》

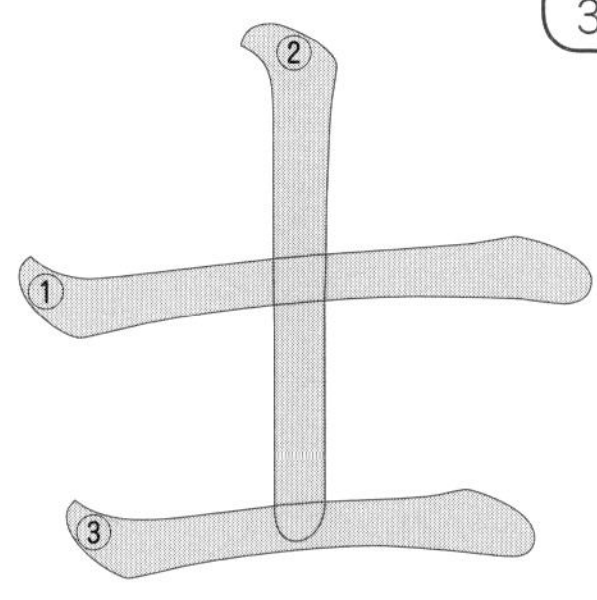

5年 十

2年 声 売

書《か》き方《かた》

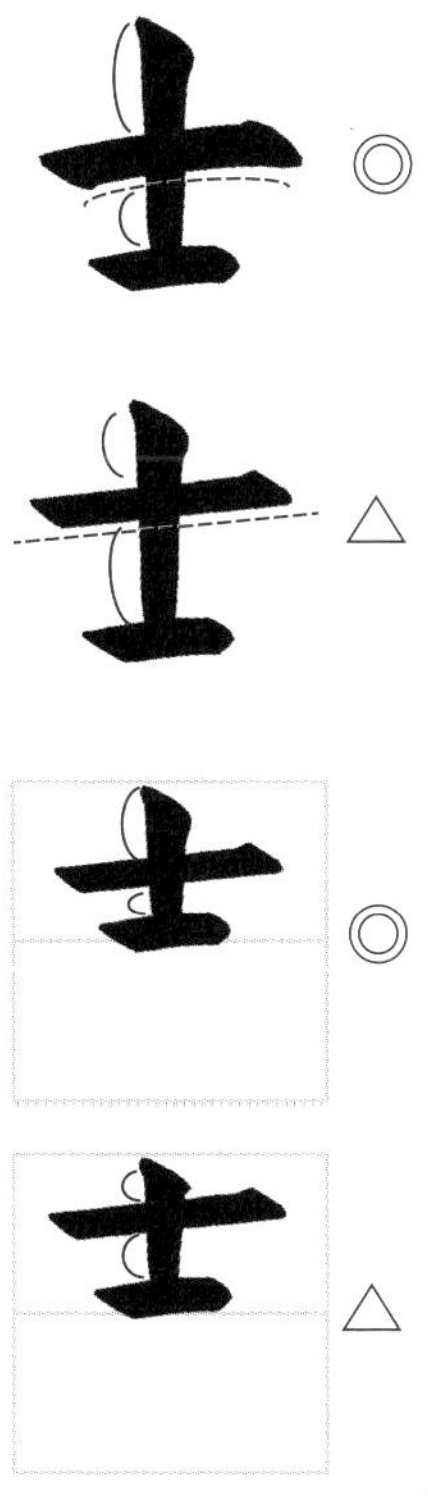

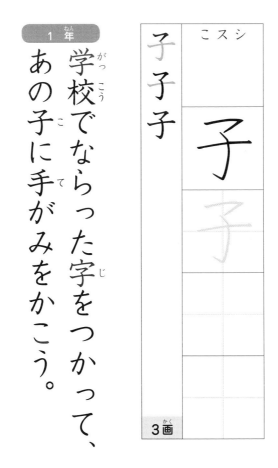

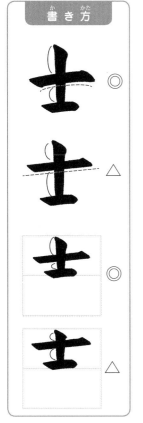

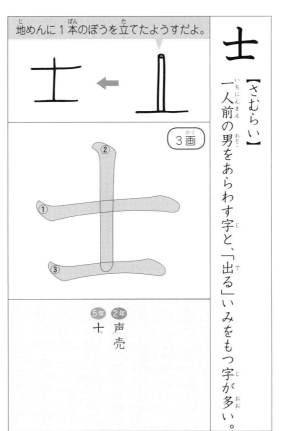

2年《ねん》

市場《いちば》から、魚《さかな》を売《う》る男《おとこ》の声《こえ》が聞《き》こえます。

売

バイ
うる
うれる

7画《かく》

声

セイ
（ショウ）
こえ
（こわ）

7画《かく》

父

【ちち】

父《ちち》にかんけいする字《じ》が多《おお》い。

手《て》におのをもった形《かたち》だよ。

4画《かく》

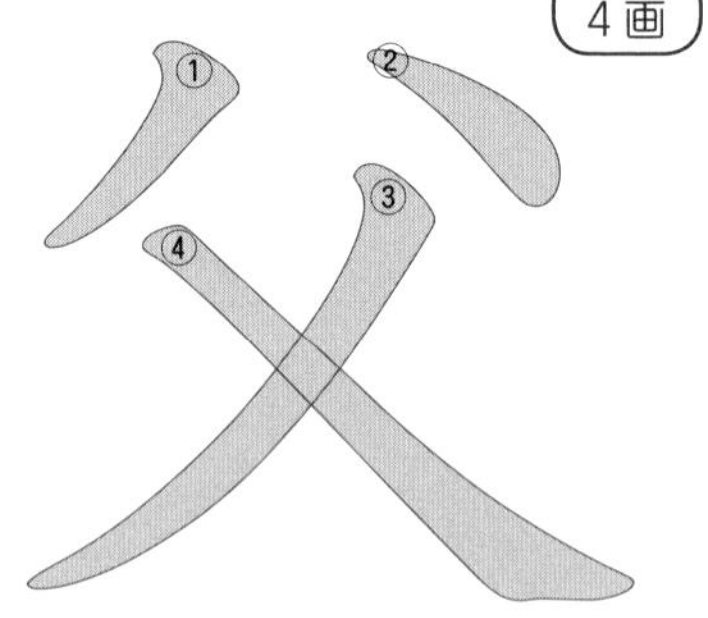

2年
父

書《か》き方《かた》

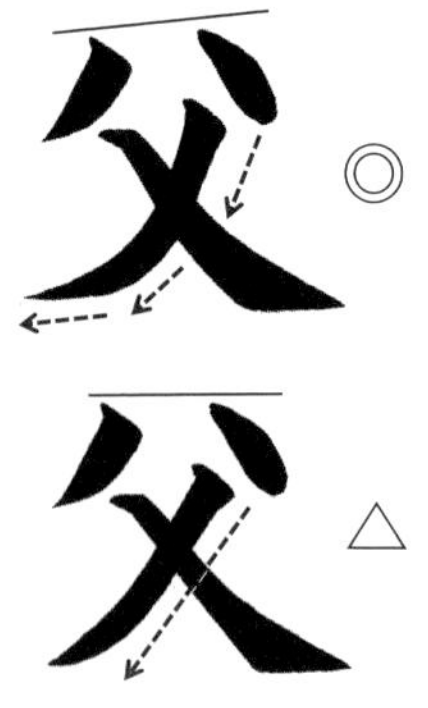

2年《ねん》

お父《とう》さんは、しごとで外国《がいこく》に行《い》っています。

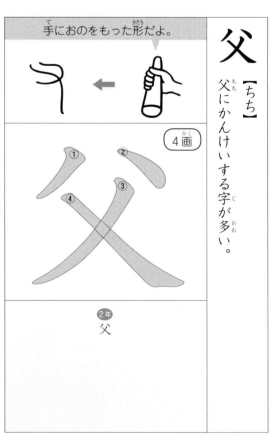

父

フ
ちち
とう＊

父
父

父父父父

4画《かく》

＊「とう」は、とくべつなよみ方《かた》としてならいます。

母（母）

【はは（はははのかん、なかれ）】
母《はは》をあらわす字《じ》が多《おお》い。

むねに２つの「ちち」のある女《おんな》の人《ひと》だよ。

5画《かく》

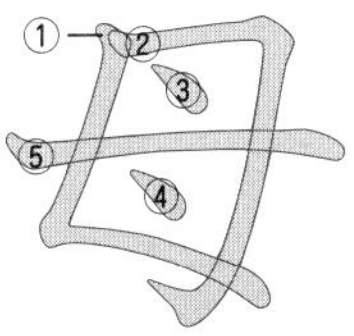

4画《かく》

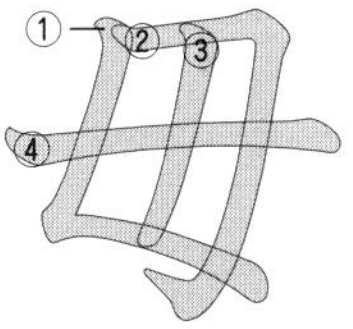

2年 母 毎
5年 毒

書《か》き方《かた》

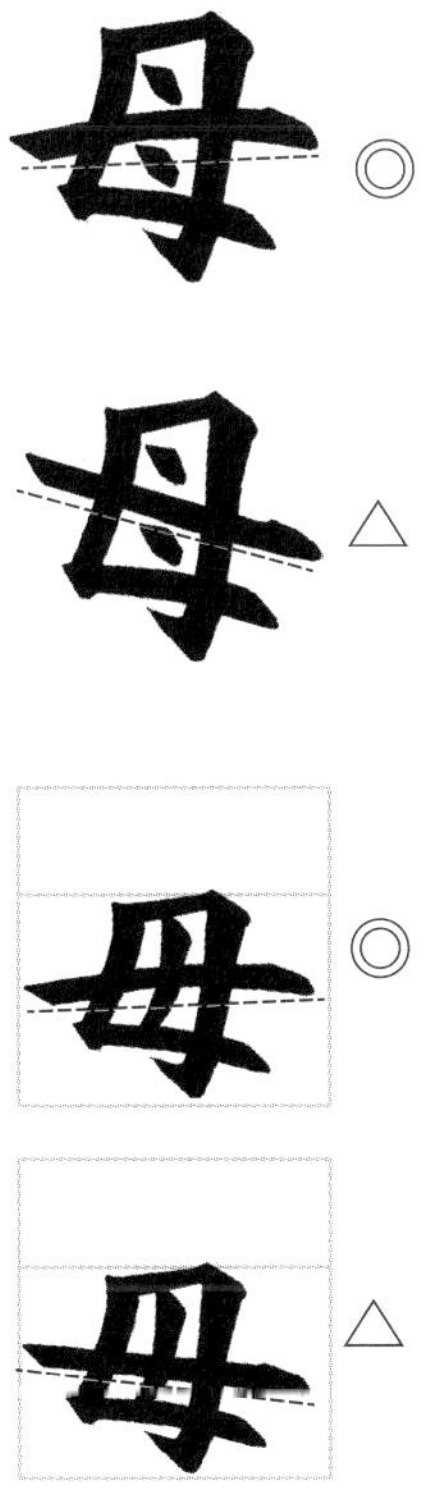

◎ △ ◎ △

2年《ねん》

友《とも》だちのお母《かあ》さんが、おかしをやいてくれました。

＊「かあ」は、とくべつなよみ方《かた》としてならいます。

母

ボ
はは
かあ＊

母
母

母母母母母

5画《かく》

2年《ねん》

母《はは》は、毎《まい》朝《あさ》、公《こう》園《えん》の中《なか》を走《はし》っています。

毎

マイ
ー

毎
毎

毎毎毎毎毎毎

6画《かく》

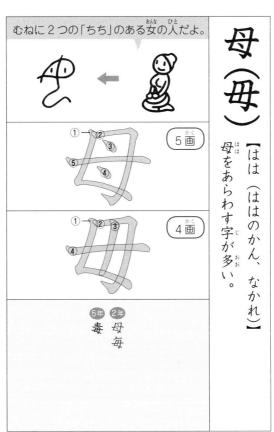

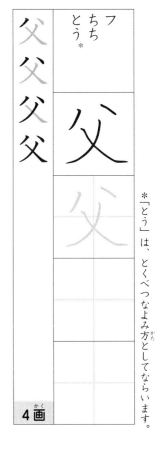

村《むら》

にかんけいのある部首《ぶしゅ》

場《ば》しょ p.41

冂 どうがまえ、けいがまえ

口 くにがまえ

田 た、たへん

里 さと、さとへん

谷 たに

たてもの p.48

宀 うかんむり

广 まだれ

戸 と、とかんむり

穴 あな、あなかんむり

門 もんがまえ

高 たかい

道《みち》 p.46

彳 ぎょうにんべん

行 ぎょうがまえ、ゆきがまえ

場《ば》しょがもとになった部首《ぶしゅ》

冂

【どうがまえ、けいがまえ】

遠《とお》くのかこまれた土地《とち》をあらわす部首《ぶしゅ》。「冂」の形《かたち》をもつ字《じ》のなかま。

村里《むらざと》から遠《とお》くはなれた、国《くに》ざかいをかこんでいるよ。

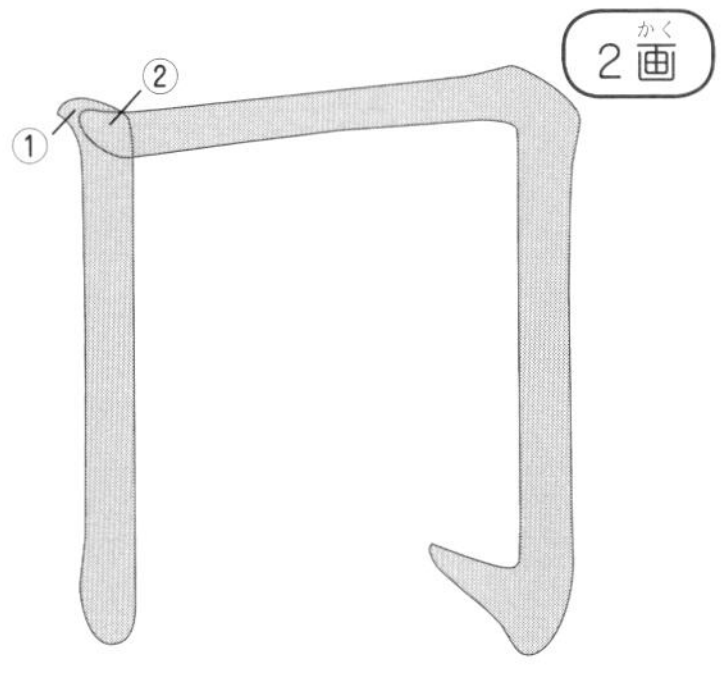

1年 円　2年 内　5年 再　6年 冊

書《か》き方《かた》

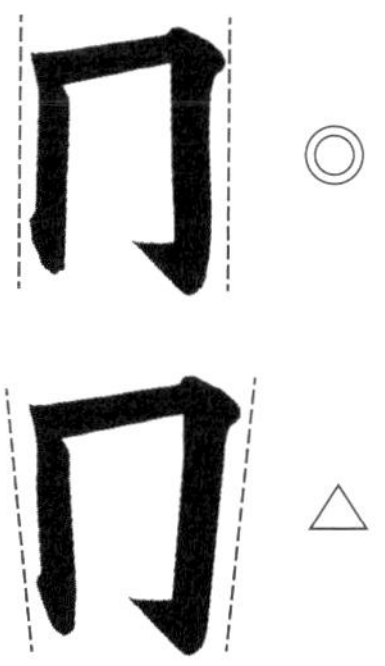

1年《ねん》

空《そら》とぶ円《えん》ばんが、とおい山《やま》の上《うえ》に見《み》えた。

円　エン　まるい

円 円円円

4画《かく》

2年《ねん》

花《か》だんの、かこいの内《うち》がわには入《はい》らないでください。

内　ナイ　(ダイ)　うち

内 内内内

4画《かく》

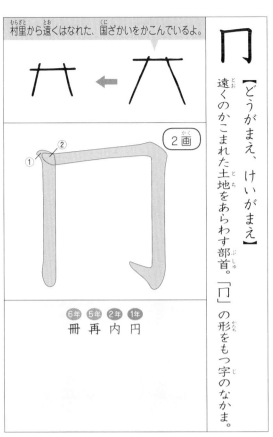

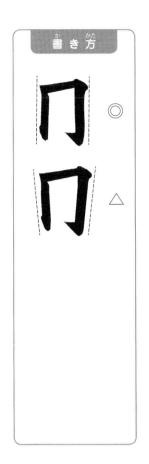

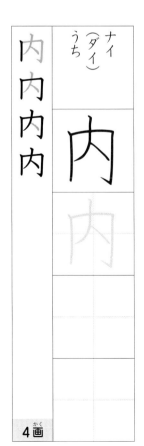

口

【くにがまえ】

かこむことにかんけいする字《じ》が多《おお》い。

かこんだ形《かたち》だよ。

3画《かく》

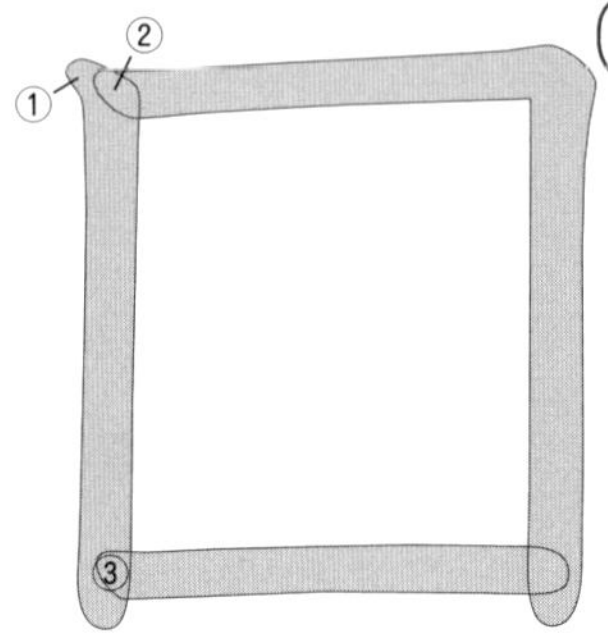

1年：四

2年：回　図　国　園

4年：固

5年：因　団　囲

6年：困

書《か》き方《かた》

1年《ねん》

四《よん》十《じっ》このプリンをつくり、四《し》かくのはこにつめました。

四

シ
よ—よつ
よっつ
よん

四　四　四　四　四

5画《かく》

2年《ねん》

図《と》書《しょ》かんの中《なか》を歩《ある》き回《まわ》って、図《ず》かんをさがしました。

図

ズ
ト
(はかる)

図　図　図　図　図　図　図

7画《かく》

回

カイ
(エ)
まわる
まわす

回　回　回　回　回　回

6画《かく》

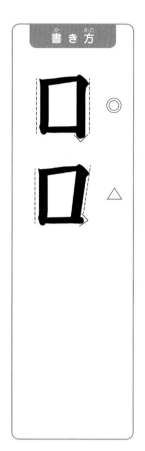

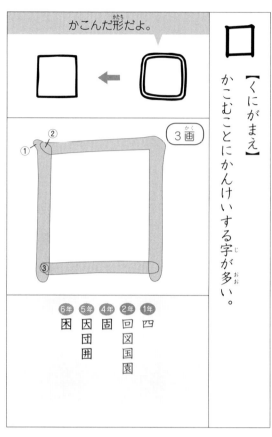

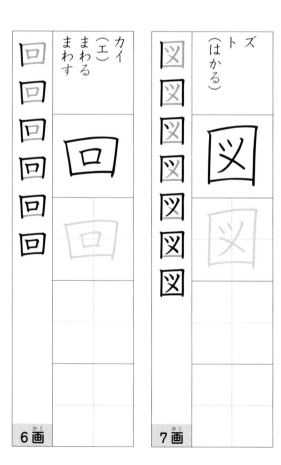

2年《ねん》

その国《くに》では、おしろの中《なか》に画《が》家《か》をすまわせています。

コク
くに

国

8画《かく》

2年《ねん》

どうぶつ園《えん》は、ゾウやキリン、サルなどをあつめた場《ば》しょです。

エン
（その）

園

13画《かく》

田

【た、たへん】

田《た》やはたけ、くぎられた土《と》地《ち》にかんけいする字《じ》が多《おお》い。

田《た》やはたけの形《かたち》だよ。

5画《かく》

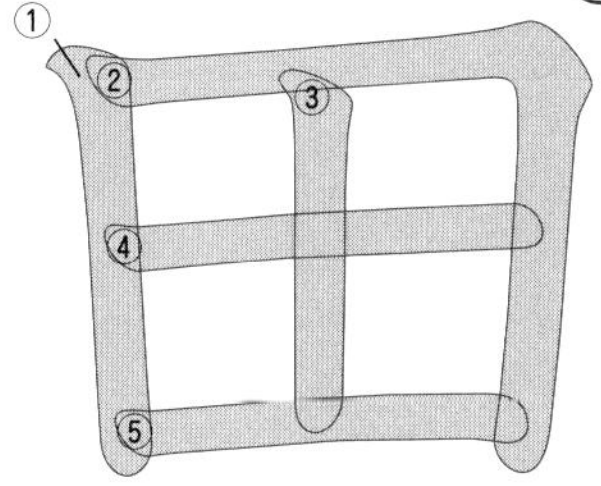

1年	田男町
2年	画番
3年	申由界畑
5年	留略
6年	異

書《か》き方《かた》

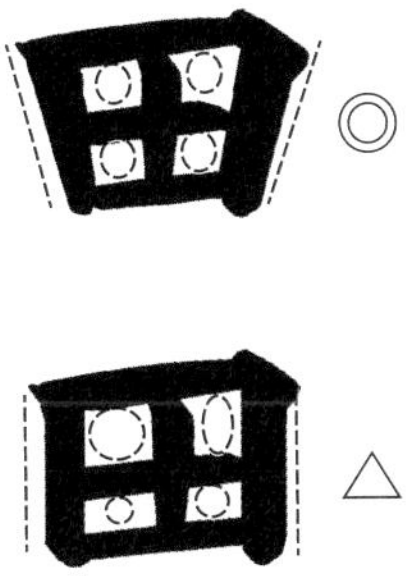

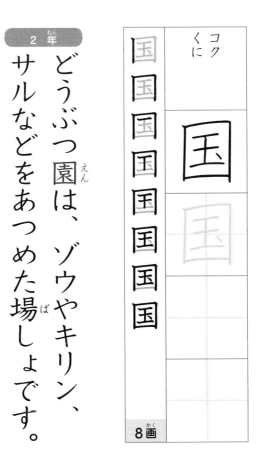

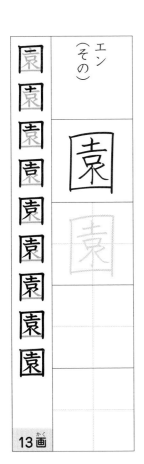

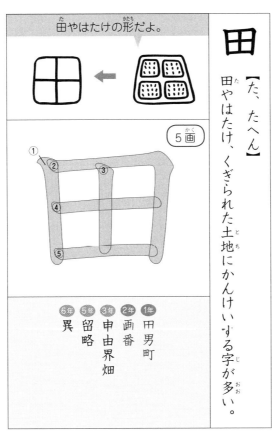

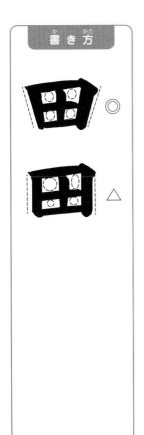

1年《ねん》

田《た》んぼのまわりには、カエルやドジョウがいます。

田
デン
た
5画《かく》
田田田田田

1年《ねん》

となりの町《まち》からきた男《おとこ》の人《ひと》が、田《た》んぼではたらいています。

町
チョウ
まち
7画《かく》
町町町町町町町

男
ダン
ナン
おとこ
7画《かく》
男男男男男男男

2年《ねん》

その画《が》家《か》は、国《くに》で一《いち》番《ばん》のうで前《まえ》だといわれています。

画
ガ
カク
8画《かく》
画画画画画画画画

番
バン
12画《かく》
番番番番番番番番番

里

【さと、さとへん】

田《た》や人《ひと》のすむところにかんけいする字《じ》が多《おお》い。

田《た》と土《つち》を合《あ》わせた形《かたち》だよ。

7画《かく》

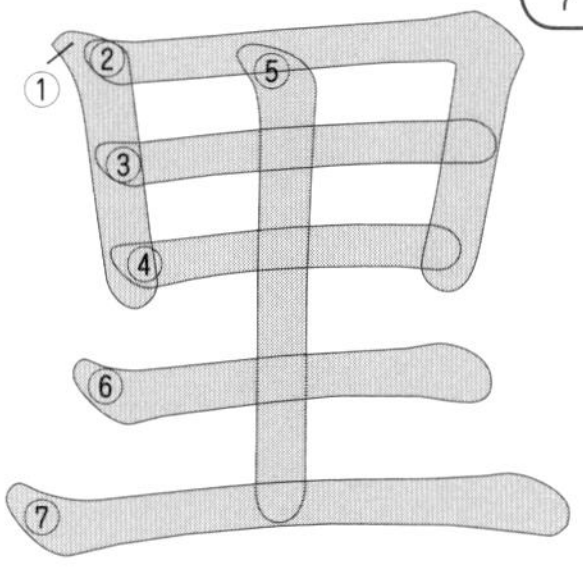

2年 里 野

3年 重

4年 量

書《か》き方《かた》

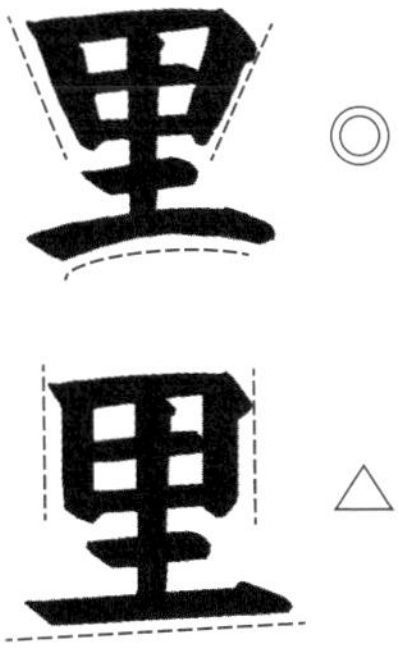

◎

△

2年《ねん》

里《さと》山《やま》で、野《の》いちごをつみました。

谷

【たに】

谷《たに》にかんけいする字《じ》が多《おお》い。

山《やま》の間《あいだ》のくぼみで、水《みず》がながれ出《で》る場《ば》しょだよ。

7画《かく》

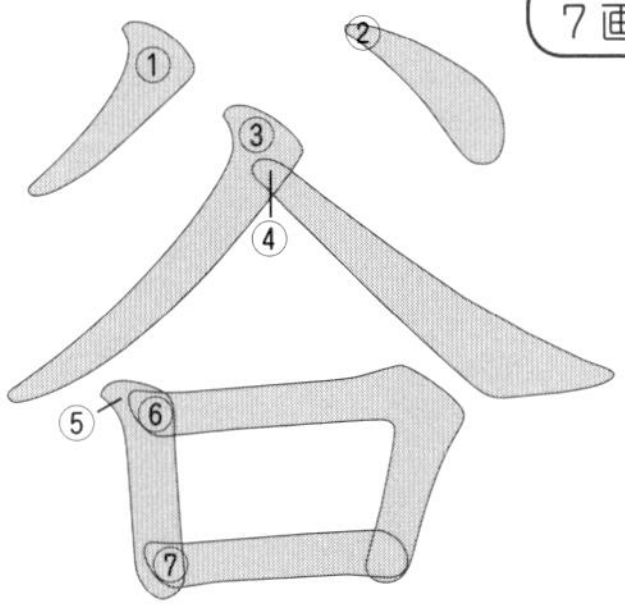

2年 谷

リ

さと

里

里里里里里里里

7画《かく》

ノ ヤ

野

野野野野野野野野

11画《かく》

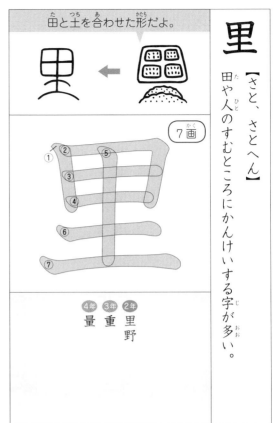

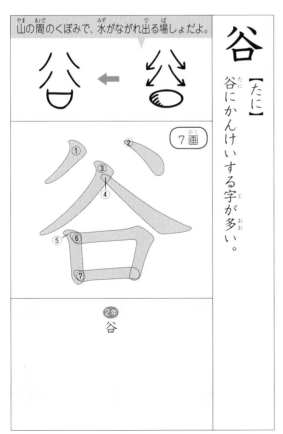

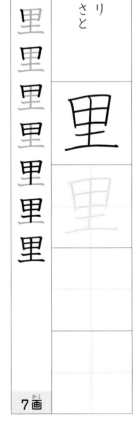

書《か》き方《かた》

2年《ねん》

谷《たに》間《ま》に、きれいなゆりがさいています。

（コク）
たに

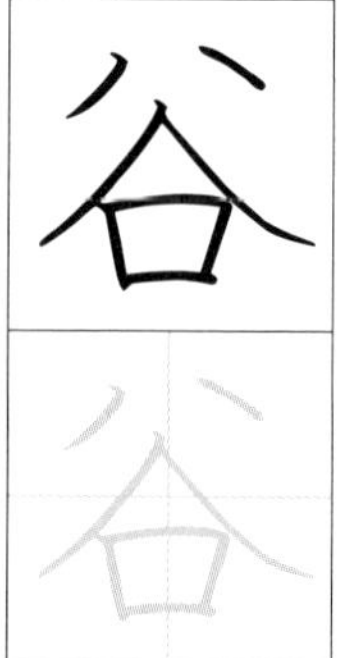

7画《かく》

道《みち》がもとになった部首《ぶしゅ》

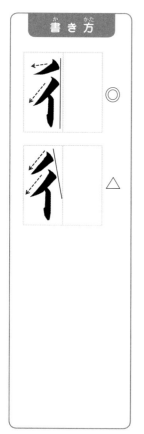

彳

【ぎょうにんべん】

すすむことや、行《おこな》うことにかんけいする字《じ》が多《おお》い。

十字《じゅうじ》ろの左半分《ひだりはんぶん》の形《かたち》だよ。

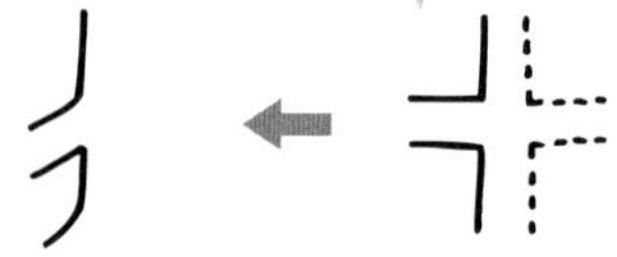

3画《かく》

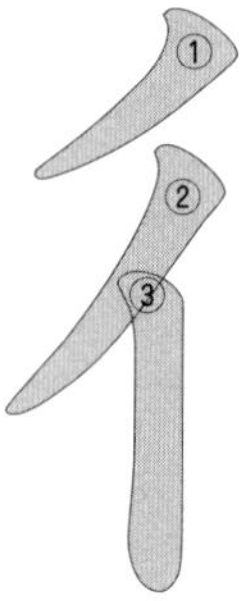

2年 後

3年 役 待

4年 径 徒 徳

5年 往 得 復

6年 律 従

書《か》き方《かた》

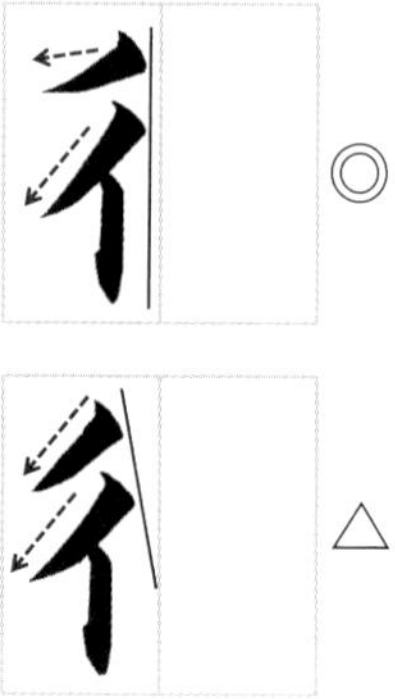

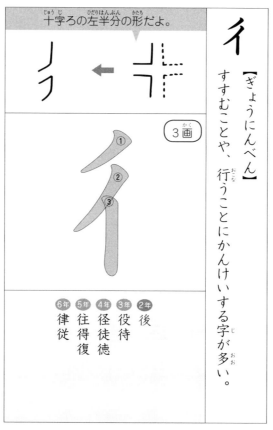

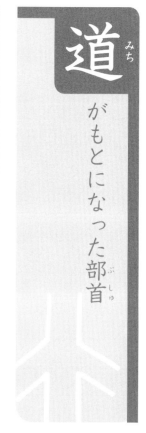

2年《ねん》

後《うし》ろをふりかえると、道《みち》のむこうで、手《て》をふる人《ひと》が見《み》えました。

ゴ｜コウ
のち｜うしろ
あと
（おくれる）

後 後

後後後後後後後後後

9画《かく》

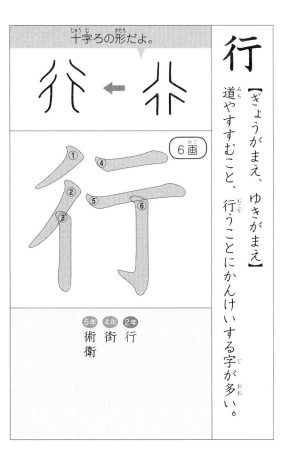

行

【ぎょうがまえ、ゆきがまえ】

道《みち》やすすむこと、行《おこな》うことにかんけいする字《じ》が多《おお》い。

十字《じゅうじ》ろの形《かたち》だよ。

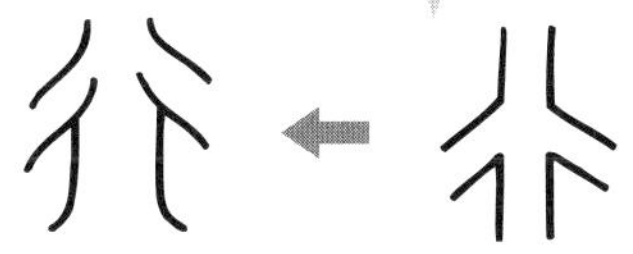

6画《かく》

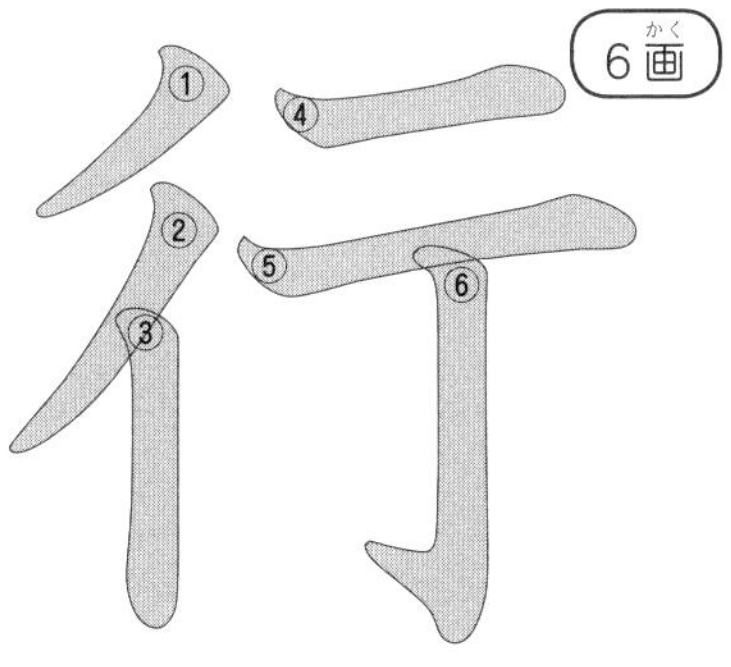

5年 術 衛

4年 街

2年 行

書《か》き方《かた》

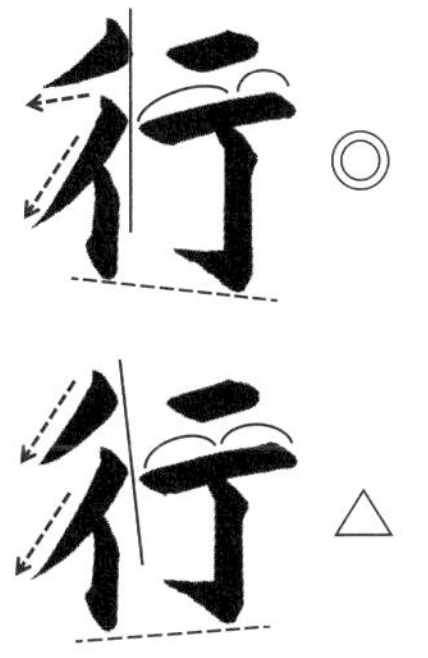

2年《ねん》

大《おお》どおりに、パレードを見《み》に行《い》きましょう。

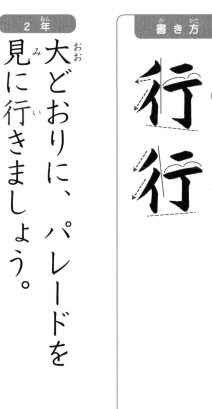

コウ｜ギョウ
（アン）
いく｜ゆく
おこなう

行 行

行行行行行行

6画《かく》

たてもの がもとになった部首《ぶしゅ》

宀

【うかんむり】

家《いえ》、やね、おおい、家《いえ》での生活《せいかつ》にかんけいする字《じ》が多《おお》い。

やねの高《たか》い家《いえ》の形《かたち》だよ。

3画《かく》

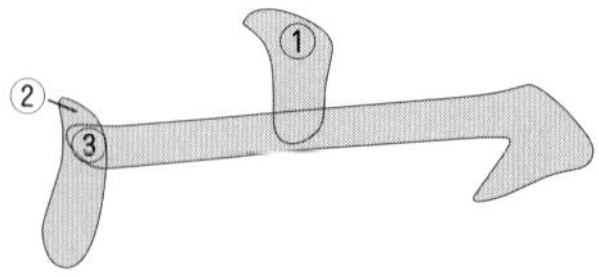

2年 室 家
3年 安 守 実 定 客 宮 宿 寒
4年 完 官 害 富 察
5年 容 寄
6年 宇 宅 宗 宙 宝 宣 密

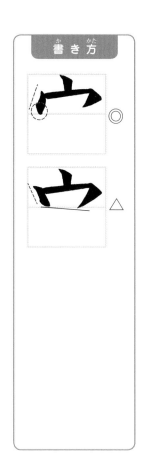

書《か》き方《かた》

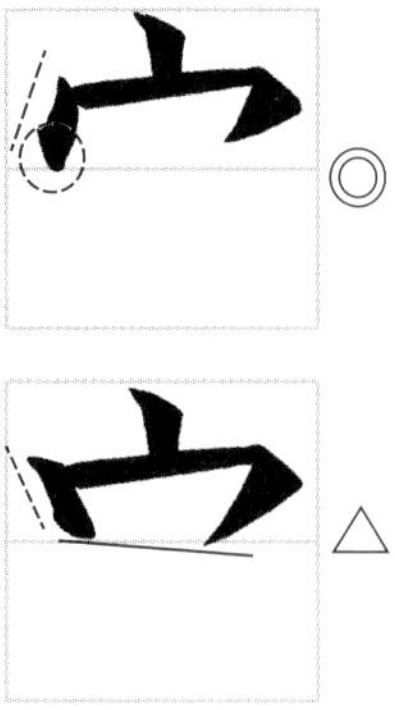

2年《ねん》

家《か》ぞくみんなで、イギリスのおじの家《いえ》にあそびに行《い》きます。

カ
ケ
いえ
や

家

10画《かく》

2年《ねん》

音《おん》楽《がく》室《しつ》には、グランドピアノや木《もっ》きんがあります。

シツ
（むろ）

室

9画《かく》

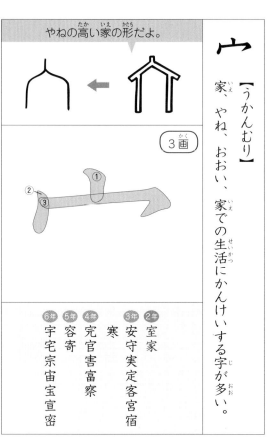

广

【まだれ】

家《いえ》、やね、おおうといういみにかんけいする字《じ》が多《おお》い。

やねの一方《いっぽう》が、たれ下《さ》がった形《かたち》だよ。

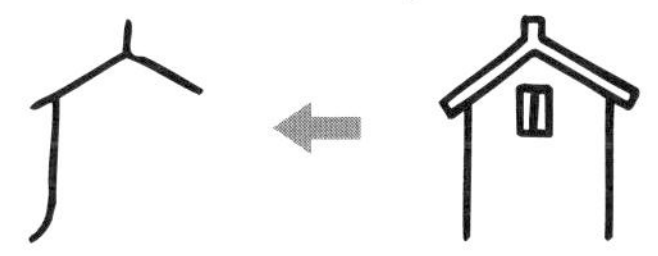

3画《かく》

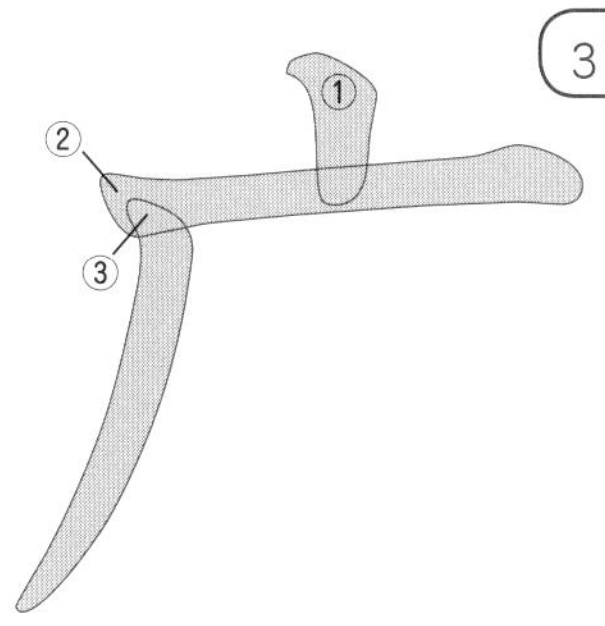

2年	3年	4年	5年	6年
広 店	度 庫 庭	底 府 康	序	庁 座

書《か》き方《かた》

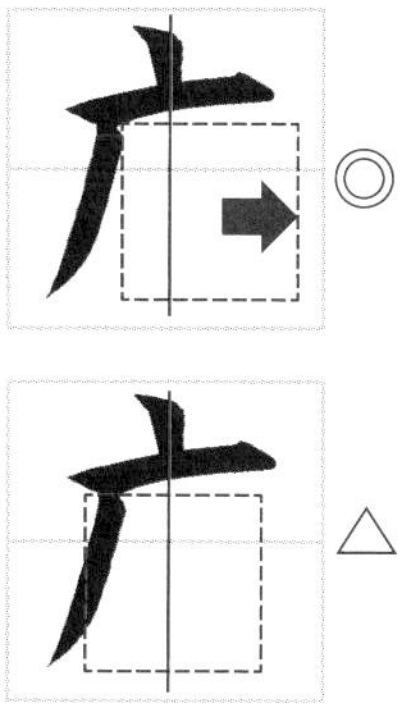

2年《ねん》

そこは、広《ひろ》いほう石《せき》店《てん》で、ダイヤやルビーを売《う》っています。

広

コウ―ひろい
ひろまる
ひろめる
ひろがる
ひろげる

広 広 広 広 広

5画《かく》

店

テン
みせ

店 店 店 店 店 店 店 店

8画《かく》

戸

【と、とかんむり】

とびら、へや、出入《ではい》りにかんけいする字《じ》が多《おお》い。

とびらのかた方《ほう》の形《かたち》だよ。

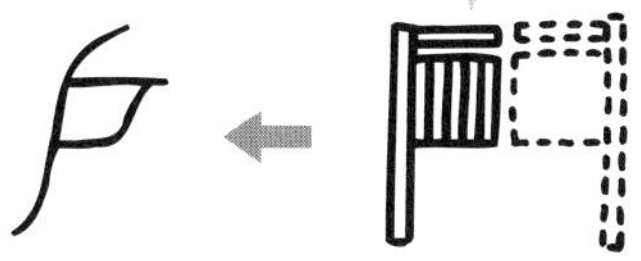

4画《かく》

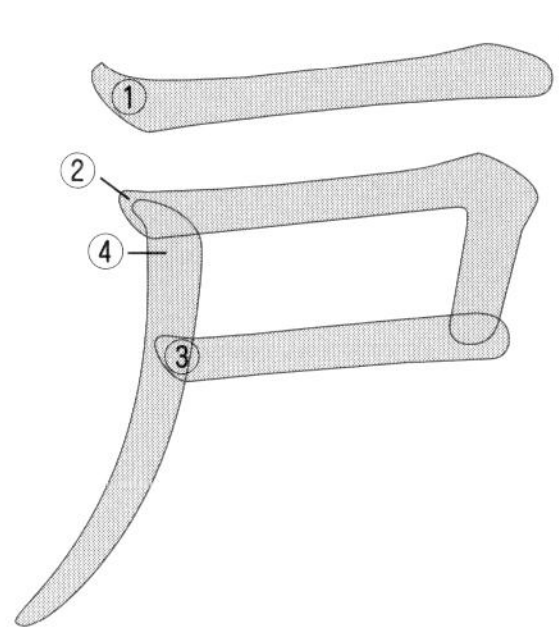

2年	3年
戸	所

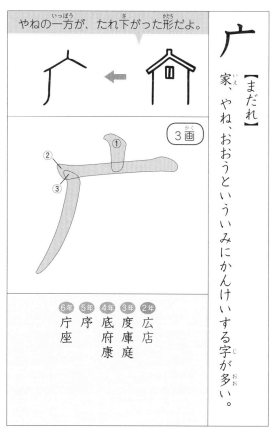

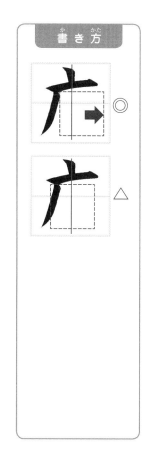

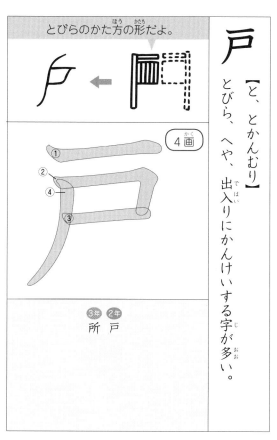

書《か》き方《かた》

◎

△

2年《ねん》

戸《と》だなの中《なか》におやつがあるから、もってきてね。

とコ

戸

戸

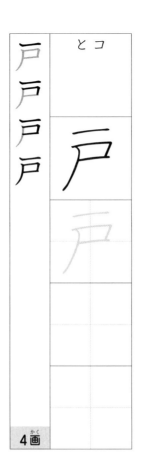

戸戸戸戸

4画《かく》

穴

【あな、あなかんむり】

あなをあけることや、あなのおくにかんけいする字《じ》が多《おお》い。

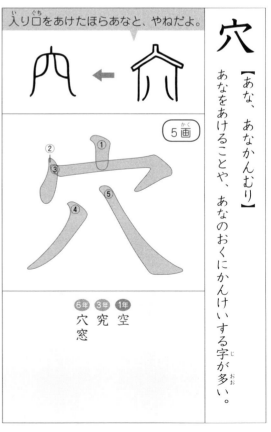

入《い》り口《ぐち》をあけたほらあなと、やねだよ。

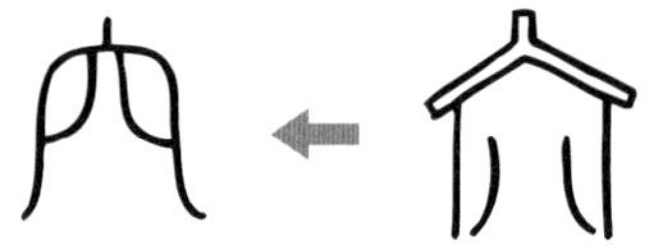

5画《かく》

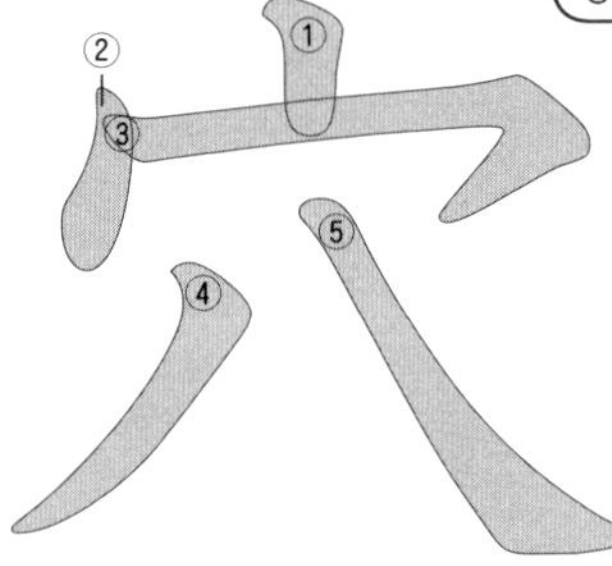

1年	3年	6年
空	究	穴
		窓

書《か》き方《かた》

◎

△

1年《ねん》

山《やま》ごやの戸《と》をあけると、空気《くうき》がおいしく、青空《あおぞら》が見《み》えました。

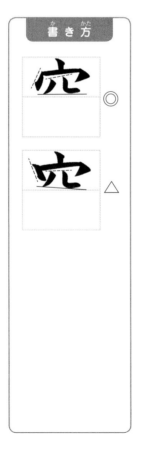

クウ
そら—あく
あける
から

空

空空空空空空空空

8画《かく》

門

【もんがまえ】

出入《でい》り口《ぐち》や、とじるといういみにかんけいする字《じ》が多《おお》い。

2まいのとびらのついた門《もん》の形《かたち》だよ。

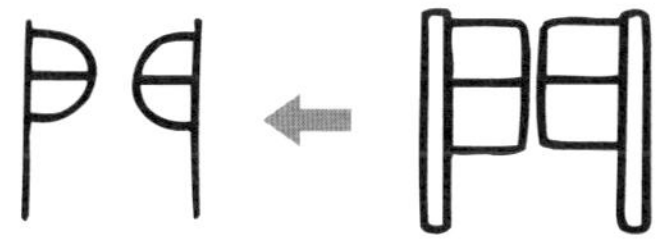

8画《かく》

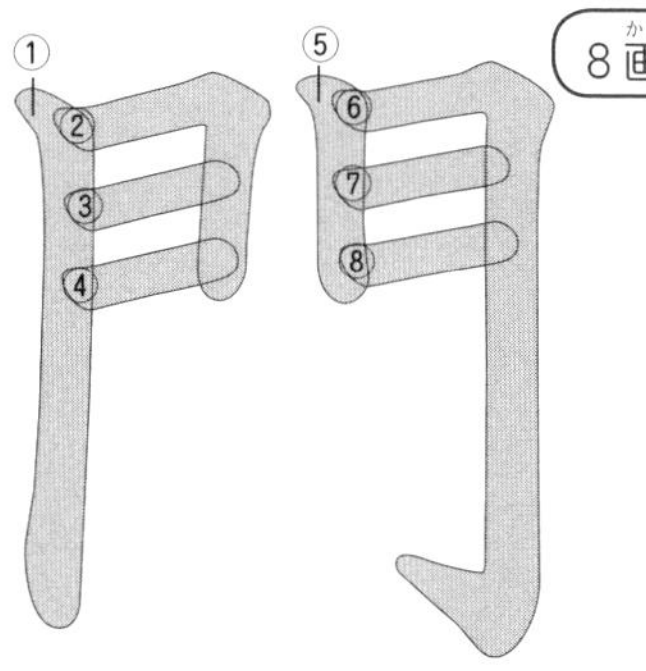

2年 門 間

3年 開

4年 関

6年 閉 閣

書《か》き方《かた》

◎

△

2年《ねん》

大《おお》きな門《もん》をくぐり、おしろの中《なか》に入《はい》ります。

モン
（かど）

門

門門門門門門門門

8画《かく》

2年《ねん》

門《もん》とおしろの間《あいだ》に、きれいな花《はな》のさく、にわがあります。

カン
ケン
あいだ
ま

間

間間間間間間間間

12画《かく》

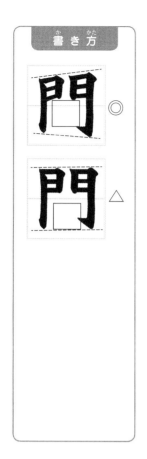

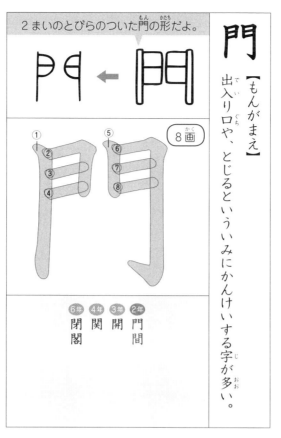

高

【たかい】

高《たか》いことにかんけいする字《じ》が多《おお》い。

高《たか》いたてものの形《かたち》だよ。

10画《かく》

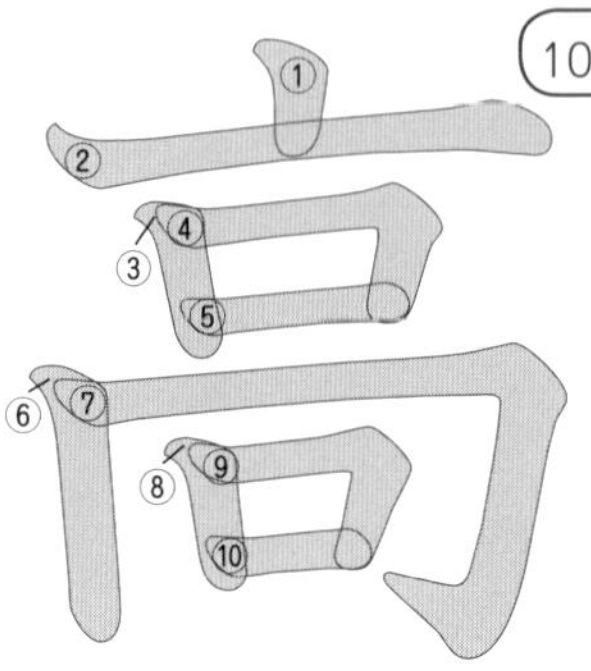

2年

高

書《か》き方《かた》

高 ◎

高 △

2年《ねん》

高《たか》いとうの上《うえ》で、おひめさまが、とおくを見《み》ています。

コウ

たかい―たか

たかまる

たかめる

高

高

高高高高高高高高高高

10画《かく》

しぜん

にかんけいのある部首《ぶしゅ》

天体《てんたい》 p.60

- 夕 ゆうべ、た
- 日(曰) ひ、ひへん(ひらび、いわく)
- 月 つき、つきへん

水《みず》 p.58

- 川 かわ
- 水(氵) みず(さんずい)

土《つち》や石《いし》 p.54

- 厂 がんだれ
- 土 つち、つちへん
- 山 やま、やまへん
- 石 いし、いしへん
- 金 かね、かねへん

気《き》しょう p.65

- 气 きがまえ
- 火(灬) ひ、ひへん(れっか、れんが)
- 赤 あか
- 雨 あめ、あめかんむり
- 風 かぜ
- 黒 くろ

木《き》や草花《くさばな》 p.70

- 艹 くさかんむり
- 木 き、きへん
- 禾 のぎへん
- 生 うまれる
- 白 しろ
- 米 こめ、こめへん
- 竹 たけ、たけかんむり
- 麦 むぎ、ばくにょう
- 青 あお
- 食(飠) たべる、しょく(しょくへん)

土《つち》や石《いし》がもとになった部首《ぶしゅ》

厂

【がんだれ】
がけ、石《いし》、土《つち》などにかんけいする字《じ》が多《おお》い。

がけの形《かたち》だよ。

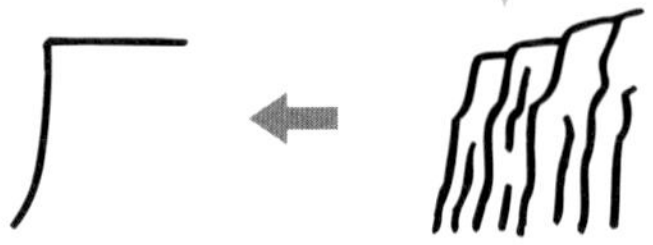

2画《かく》

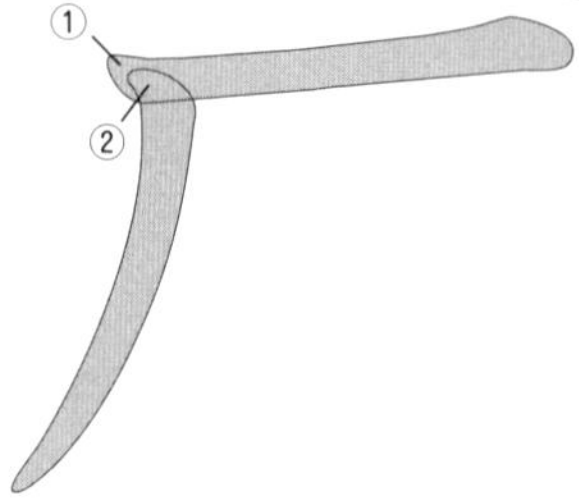

5年 厚
2年 原

書《か》き方《かた》

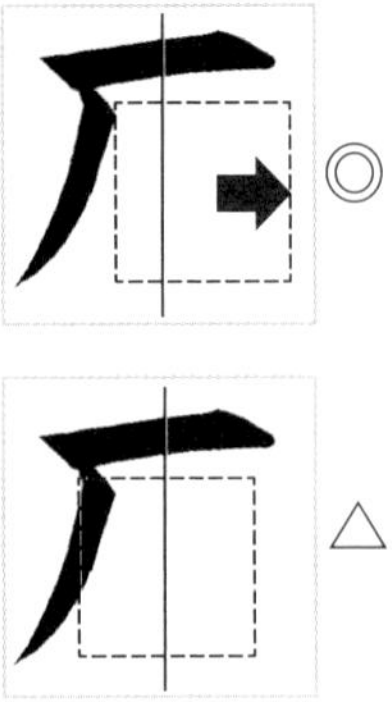

2年《ねん》

がけを下《お》りると、そこはたんぽぽのさく野《の》原《はら》でした。

原

ゲン
はら

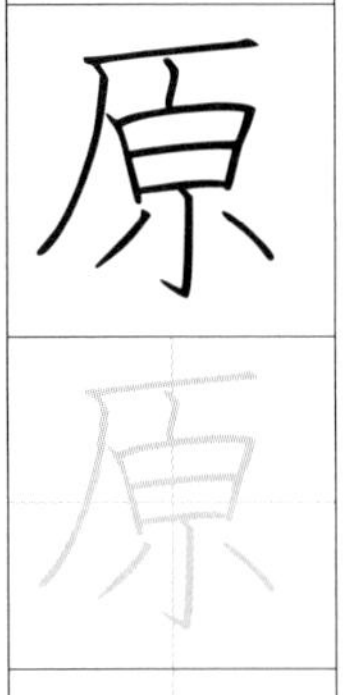

10画《かく》

土

【つち、つちへん】
土《つち》にかんけいする字《じ》が多《おお》い。

土《つち》をもり上《あ》げた形《かたち》だよ。

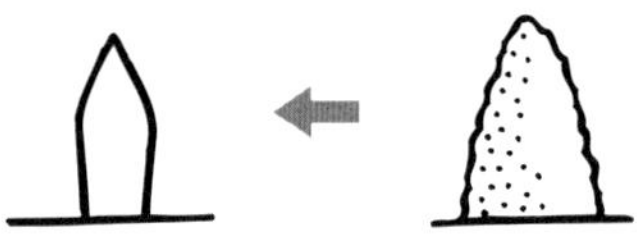

3画《かく》

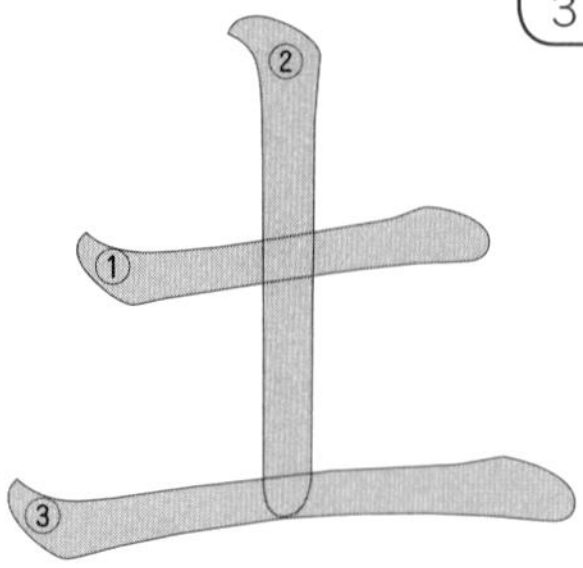

1年 土
2年 地 場
3年 坂
4年 城 埼 塩
5年 圧 在 均 型 基 堂 報 墓 境 増
6年 垂 域

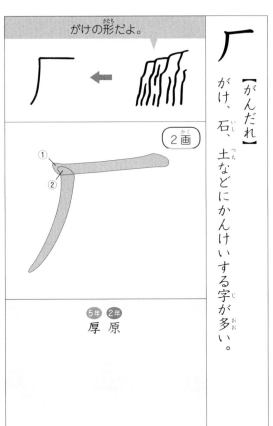

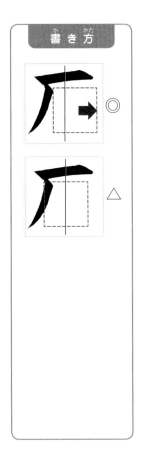

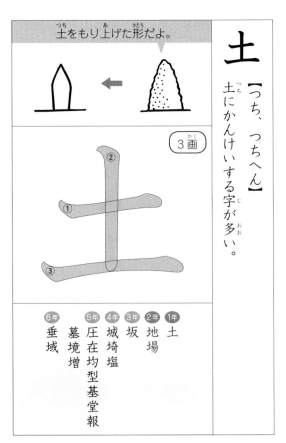

書《か》き方《かた》

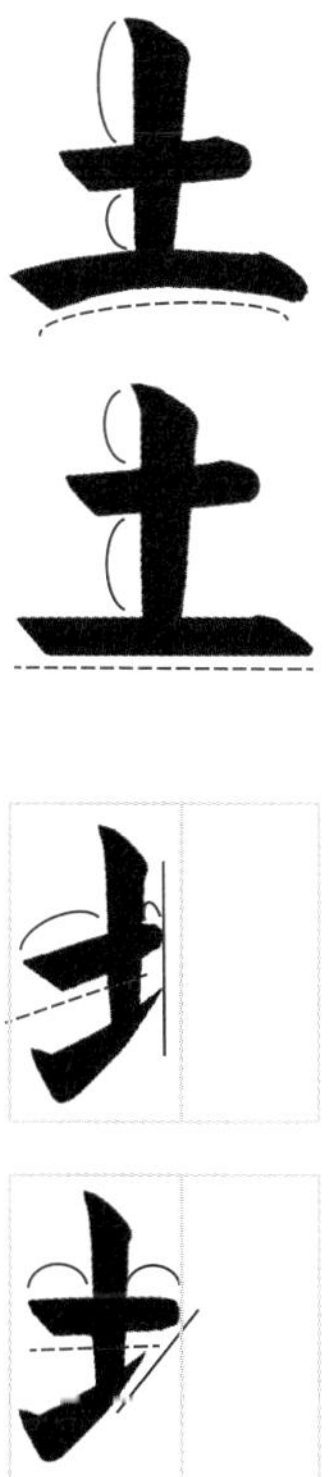

1年《ねん》

土《つち》からほり出《だ》したばかりのおいもは、おいしいです。

ド ト つち

土

3画《かく》

土土土

2年《ねん》

広《ひろ》場《ば》の地《じ》めんに、大《おお》きく絵《え》をかいてみました。

ジョウ ば

場

12画《かく》

場場場場場場場

ジ チ |

地

6画《かく》

地地地地

山

【やま、やまへん】

山《やま》にかんけいする字《じ》が多《おお》い。

3つのみねがある山《やま》の形《かたち》だよ。

3画《かく》

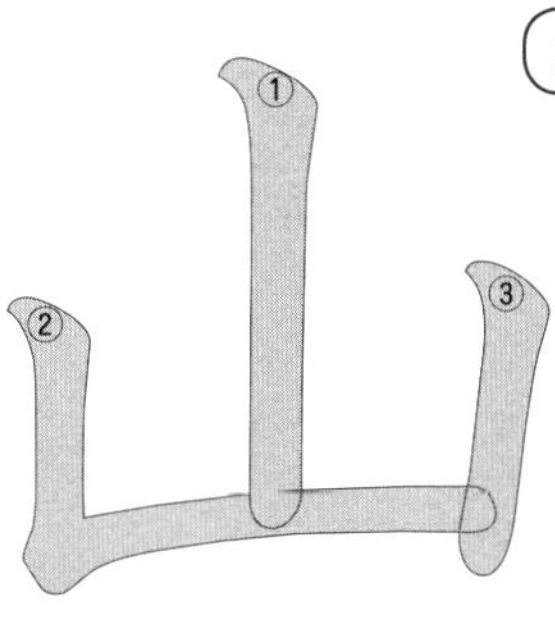

1年 山

2年 岩

3年 岸 島

4年 岐 岡 崎

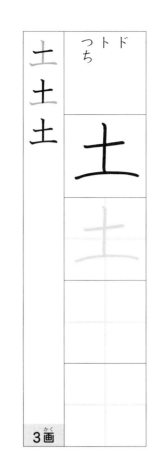

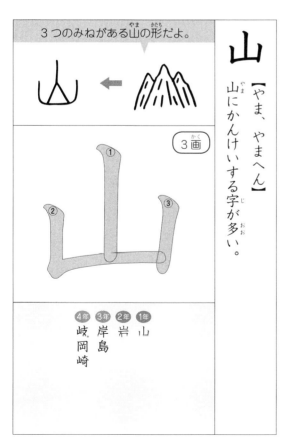

書《か》き方《かた》

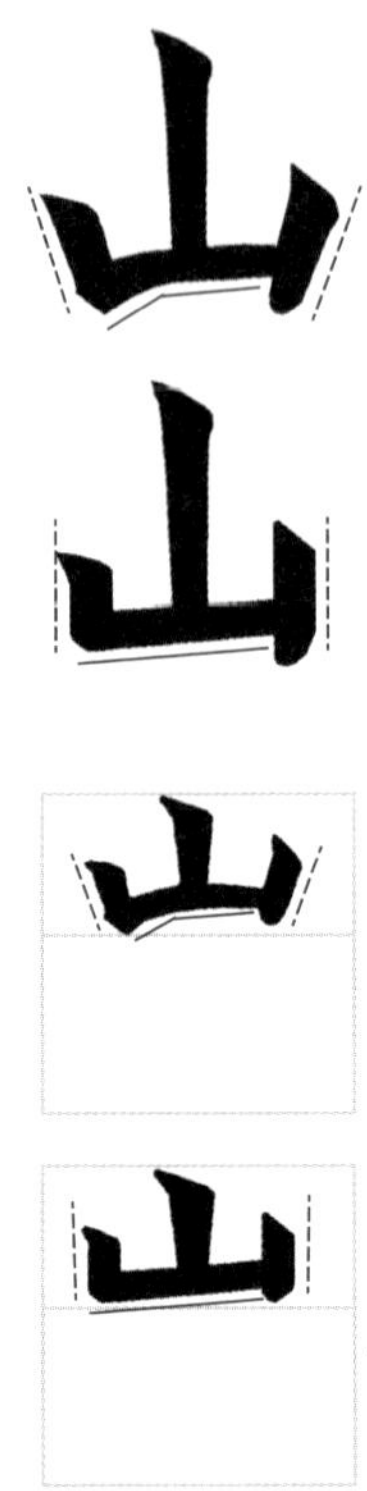

◎ △ ◎ △

1年《ねん》

山《やま》にのぼると、めずらしい草花《くさばな》が見《み》られます。

山

サン
やま

山 山 山

3画《かく》

2年《ねん》

大《おお》きな岩《いわ》によじのぼると、とおくまで見《み》とおせました。

岩

ガン
いわ

岩 岩 岩 岩 岩 岩 岩 岩

8画《かく》

石

【いし、いしへん】

石《いし》や、石《いし》のようにかたいものをあらわす字《じ》が多《おお》い。

がけの下《した》に石《いし》がころがっている形《かたち》だよ。

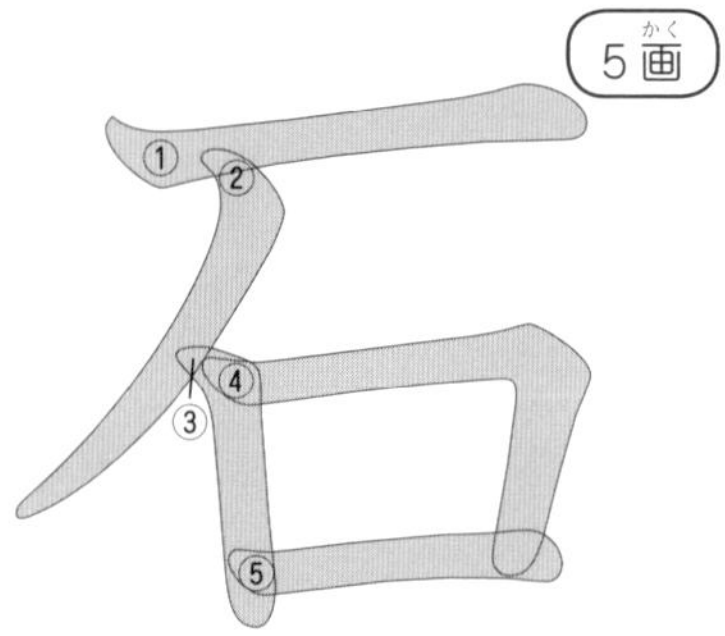

1年 石
3年 研
5年 破 確
6年 砂 磁

書《か》き方《かた》

◎ △

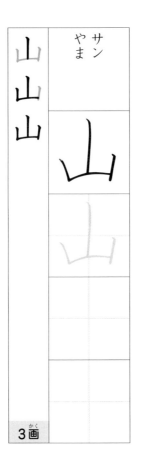

1年《ねん》

とくべつにきれいな石《いし》は、
みがかれて、ほう石《せき》になります。

石

セキ
シャク
(コク)
いし

石 石 石 石 石

5画《かく》

金

【かね、かねへん】

金《きん》ぞくや、金《きん》ぞくで作《つく》ったものをあらわす字《じ》が多《おお》い。

土《つち》の中《なか》に金《きん》ぞくのつぶがとじこめられた形《かたち》だよ。

8画《かく》

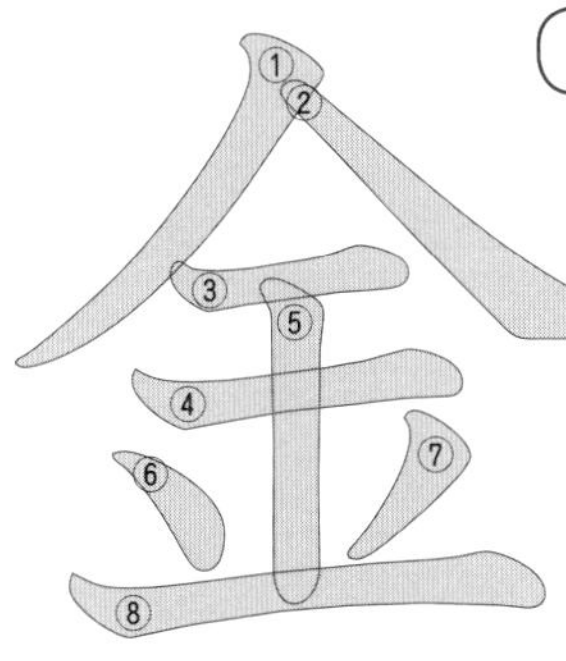

1年 金
3年 鉄 銀
4年 録 鏡
5年 鉱 銅
6年 針 銭 鋼

書《か》き方《かた》

◎ △

1年《ねん》

王《おう》さまは、お金《かね》もちで、
金《きん》の王《おう》かんをかぶっています。

金

キン
コン
かね
かな

金 金 金 金 金 金 金 金

8画《かく》

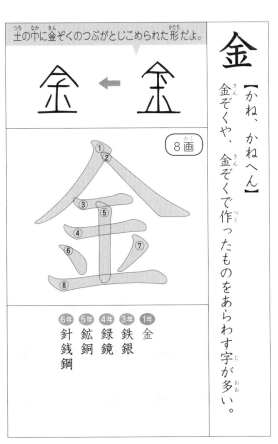

水《みず》がもとになった部首《ぶしゅ》

川

【かわ】水《みず》のながれにかんけいする字《じ》が多《おお》い。

川《かわ》がながれている形《かたち》だよ。

3画《かく》

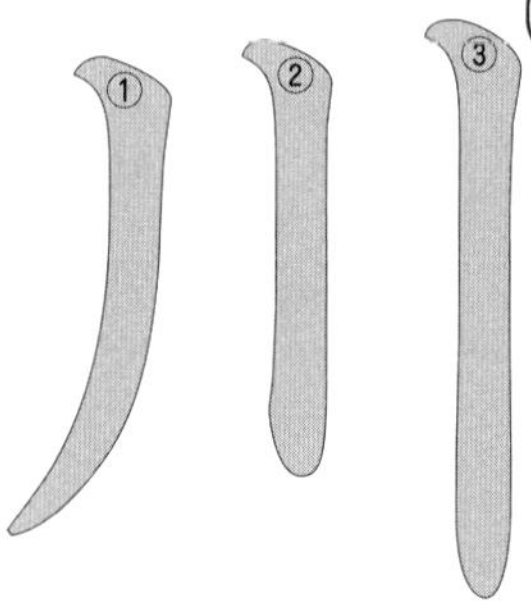

1年 川
3年 州

書《か》き方《かた》

◎ △

1年《ねん》

大《おお》きなももが、どんぶらこと川《かわ》にながれてきました。

川

（セン）かわ

3画《かく》

川川川

水（氵）

【みず（さんずい）】水《みず》や、えき体《たい》にかんけいする字《じ》が多《おお》い。

水《みず》がながれる形《かたち》だよ。

4画《かく》

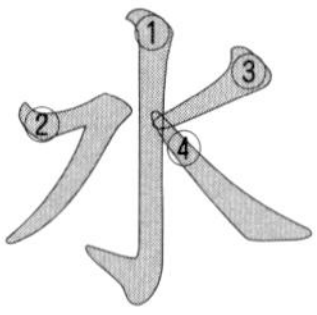

3画《かく》

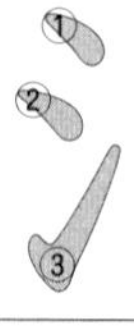

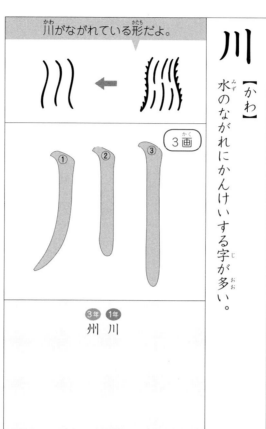

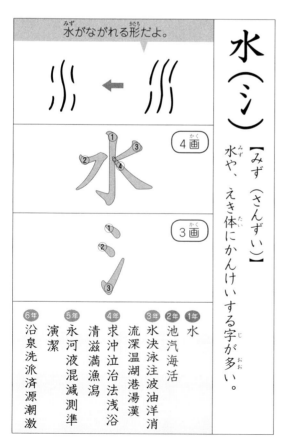

1年 水
2年 池汽海活
3年 氷決泳注波油洋消 流深温湖港湯漢
4年 求沖泣治法浅浴 清滋満漁潟
5年 永河液混減測準 演潔
6年 沿泉洗派済源潮激

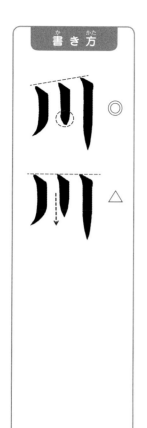

書《か》き方《かた》

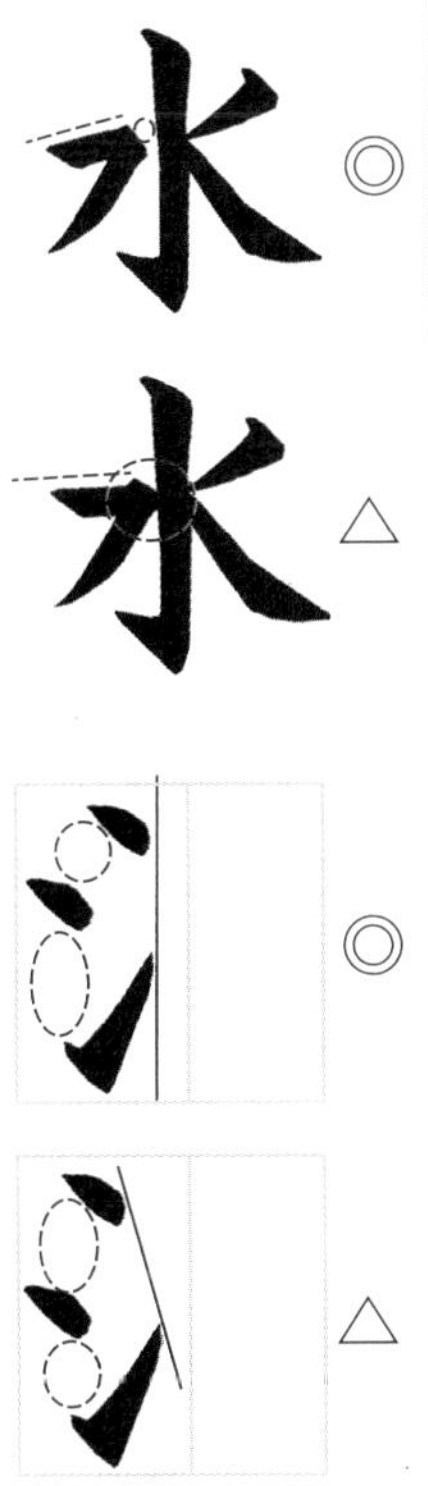

1年《ねん》

川《かわ》の水《みず》はつめたくて、気《き》もちいい。

水 スイ みず

4画《かく》

水水水水

2年《ねん》

コイは、池《いけ》や川《かわ》にすみ、タイは、海《うみ》にすんでいます。

池 チ いけ

6画《かく》

池池池池池池

海 カイ うみ

9画《かく》

海海海海海海海海

2年《ねん》

むかしの人《ひと》は、汽《き》車《しゃ》でたびをしました。

汽 キ

7画《かく》

汽汽汽汽汽

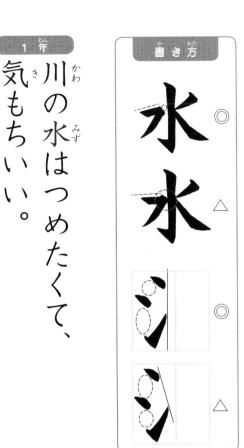

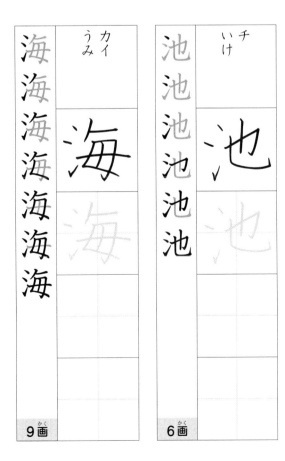

2年《ねん》

海《かい》ぞくが活《かつ》やくするお話《はなし》を読《よ》んでいます。

カツ

活

活
活
活
活
活
活
活

9画《かく》

天体《てんたい》がもとになった部首《ぶしゅ》

タ

【ゆうべ、た】くらくて見《み》えないといういみをあらわす字《じ》が多《おお》い。

三日月《みかづき》の形《かたち》だよ。

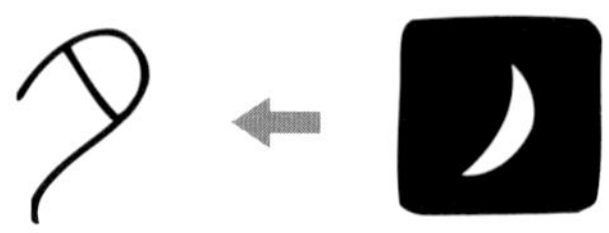

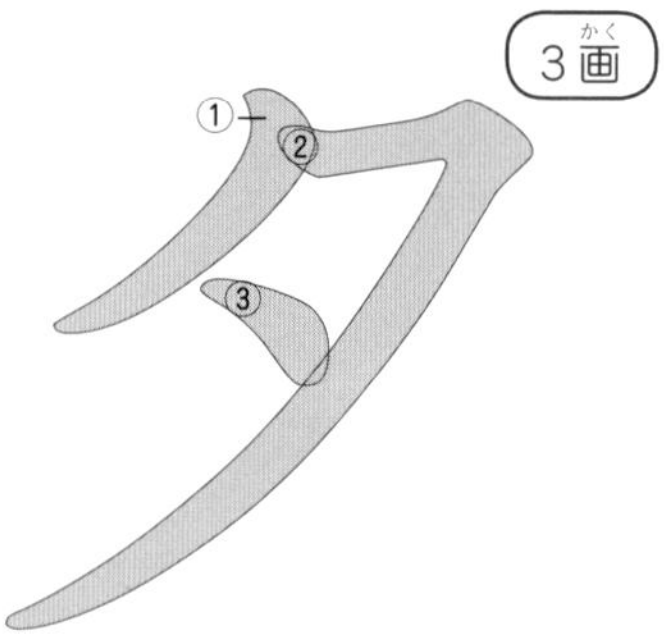

1年 夕

2年 外 多 夜

5年 夢

書《か》き方《かた》

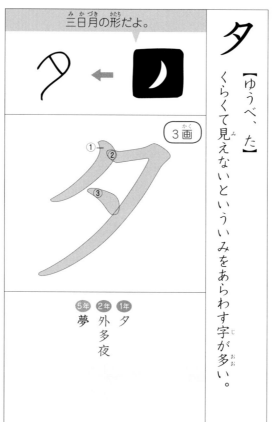

1 年《ねん》

夕《ゆう》がた、くらくなってきた空《そら》に、月《つき》がうかんでいます。

（セキ）
ゆう

夕

夕 夕 夕

3 画《かく》

2 年《ねん》

外《そと》であそんでいても、夕《ゆう》方《がた》になったら、帰《かえ》っておいで。

ガイ―（ゲ）
そと―ほか
はずす
はずれる

外

外 外 外 外 外

5 画《かく》

2 年《ねん》

今日《きょう》の夜《よ》空《ぞら》には、三《み》日《か》月《づき》と、多《おお》くの星《ほし》がかがやいています。

ヤ
よ
よる

夜

夜 夜 夜 夜 夜 夜 夜 夜

8 画《かく》

タ
おおい

多

多 多 多 多 多 多

6 画《かく》

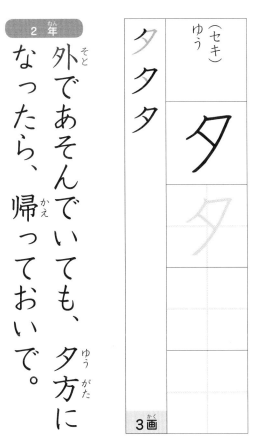

日(曰)*

【ひ、ひへん（ひらび、いわく）】

太《たい》ようや日数《にっすう》にかんけいする字《じ》が多《おお》い。

太《たい》ようの形《かたち》だよ。

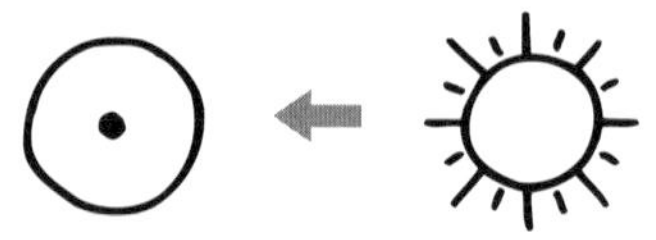

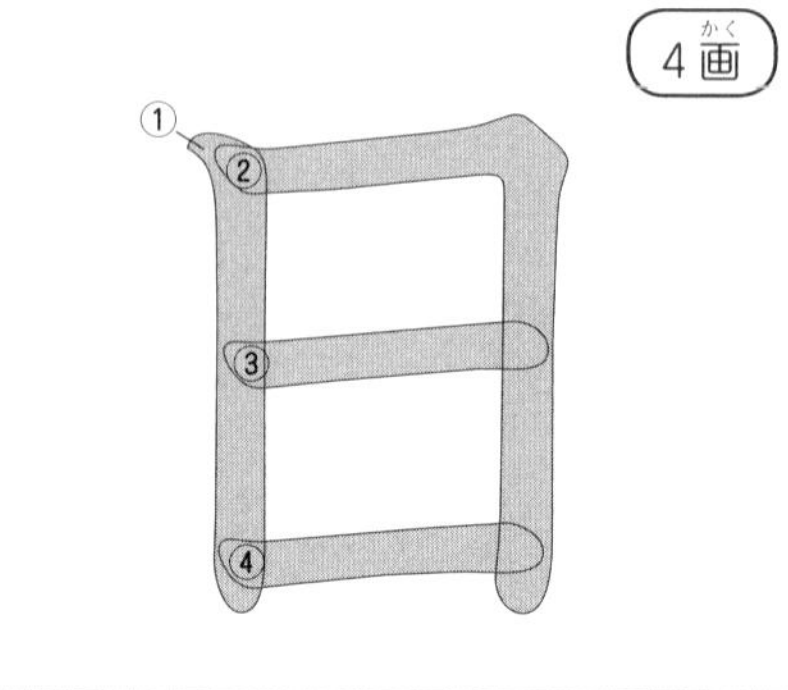

1年 日早

2年 明春星昼時晴曜書

3年 昔昭暑暗曲

4年 昨景最

5年 旧易暴

6年 映晩暖暮

*ものを言《い》うことをあらわす字《じ》がふくまれる。

書《か》き方《かた》

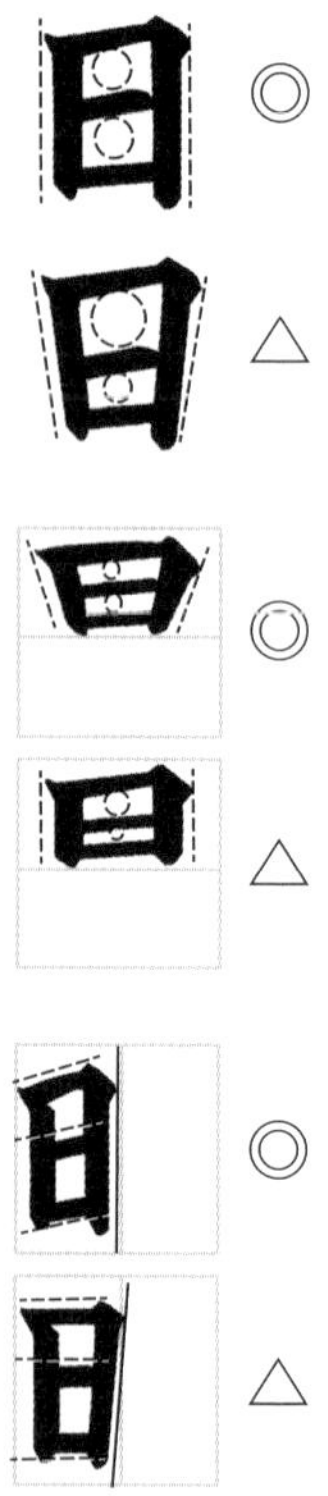

1年《ねん》

早《はや》おきして、お日《ひ》さまのひかりをあびましょう。

早 6画《かく》

ソウ（サッ）

はやい

はやまる

はやめる

早

日 4画《かく》

ニチ

ジツ

ひ

か

日

2年《ねん》

日《ひ》の光《ひかり》をうけて、海《うみ》がきらきらと、明《あか》るく光《ひか》っています。

明 8画《かく》

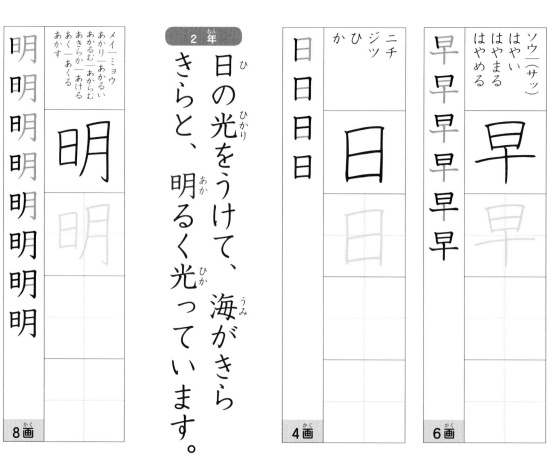

メイ—ミョウ

あかり—あかるい

あかるむ—あからむ

あきらか—あける

あく—あくる

あかす

明

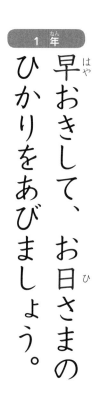

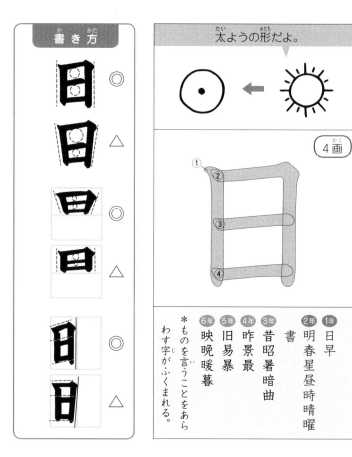

2年《ねん》

日《ひ》がしずみ、空《そら》には春《はる》の星《せい》ざが見《み》えてきました。

春

シュン
はる

9画《かく》

春春春春春春春春春

星

セイ
（ショウ）
ほし

9画《かく》

星星星星星星星星星

2年《ねん》

日《ひ》が高《たか》くのぼり、お昼《ひる》ごはんの時《じ》間《かん》になりました。

昼

チュウ
ひる

9画《かく》

昼昼昼昼昼昼昼昼昼

時

ジ
とき

10画《かく》

時時時時時時時

2年《ねん》

からりと晴《は》れて、きれいな青《あお》空《ぞら》が広《ひろ》がっています。

晴

セイ
はれる
はらす

12画《かく》

晴晴晴晴晴晴

2年《ねん》

日曜日《にちようび》のパーティにひつようなものを、書《か》き出《だ》しました。

曜

ヨウ

18画《かく》

曜曜曜曜曜曜曜曜曜

書

ショ
かく

10画《かく》

書書書書書書書

月

【つき、つきへん】

月《つき》のようすや月日《つきひ》にかんけいする字《じ》が多《おお》い。

三日月《みかづき》の形《かたち》だよ。

4画《かく》

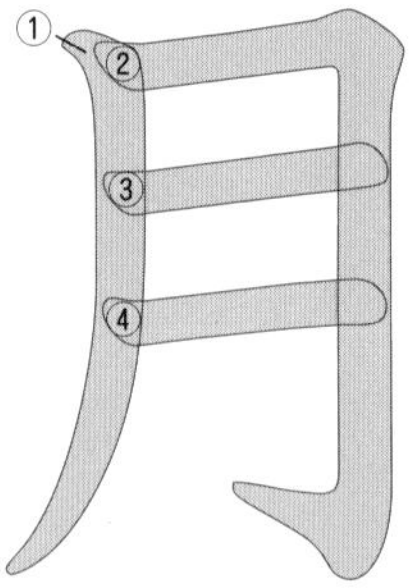

1年 月

2年 朝

3年 有 服 期

4年 望

6年 朗

書《か》き方《かた》

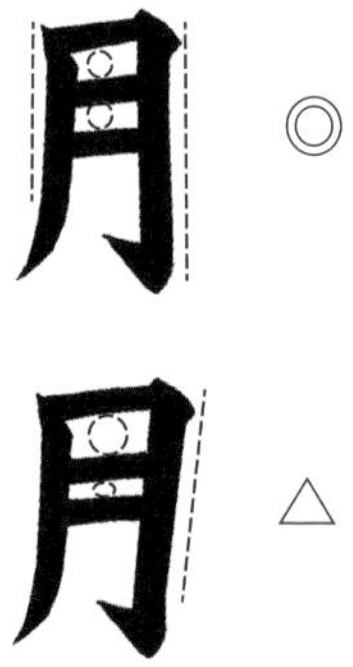

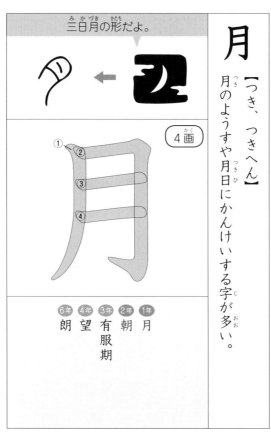

1年《ねん》

九《く》月《がつ》には、お月《つき》見《み》をします。

月

ゲツ
ガツ
つき

月 月 月 月

4画《かく》

2年《ねん》

月《つき》の光《ひかり》が見《み》えなくなって、朝《あさ》がやってきました。

朝

チョウ
あさ

朝 朝 朝 朝 朝 朝 朝 朝

12画《かく》

気《き》しょう

部首《ぶしゅ》がもとになった

气

【きがまえ】

水《すい》じょう気《き》や、空気《くうき》のじょうたいをあらわす字《じ》が多《おお》い。

はいたいきがのぼっていく形《かたち》だよ。

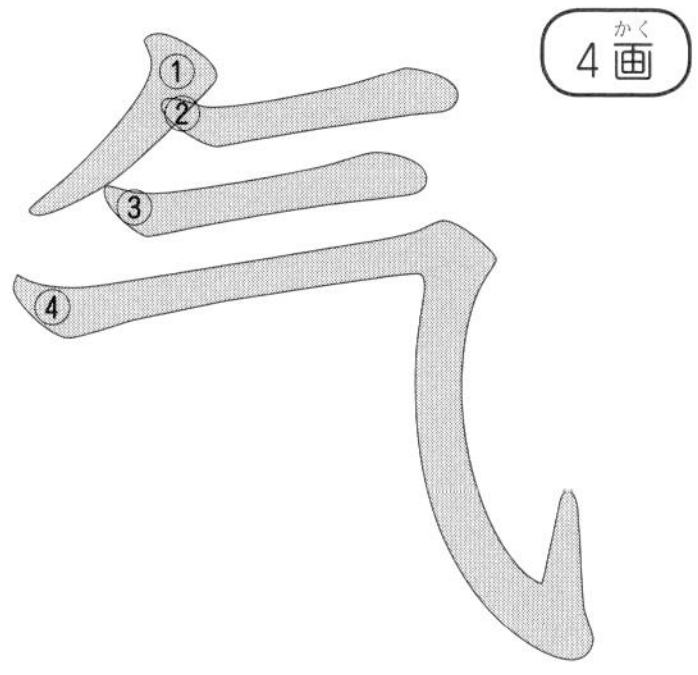

1年
気

書《か》き方《かた》

◎

△

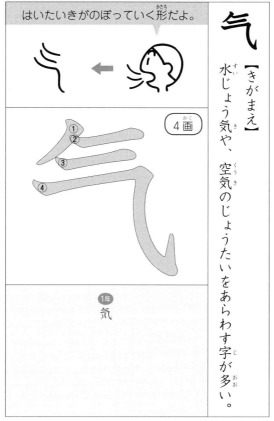

1年《ねん》

天《てん》気《き》がいいので、ピクニックにいきましょう。

｜ケキ

気

気 気 気 気 気 気

6画《かく》

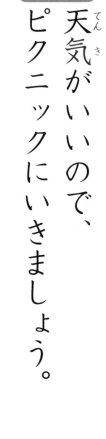

火（灬）

【ひ、ひへん（れっか、れんが）】

火《ひ》がもえていることにかんけいする字《じ》が多《おお》い。

火《ひ》がもえているようすだよ。

4画《かく》

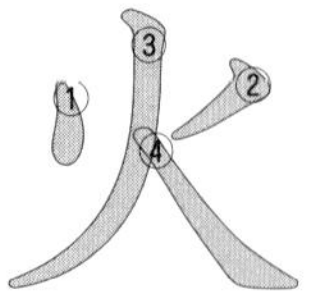

4画《かく》

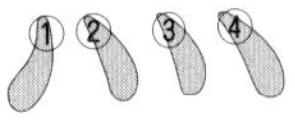

1年	2年	3年	4年	5年	6年
火	点	炭	灯焼然無照熊熱	災燃	灰熟

書《か》き方《かた》

◎

△

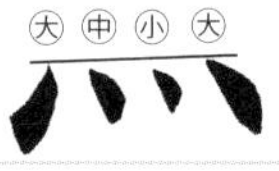

◎

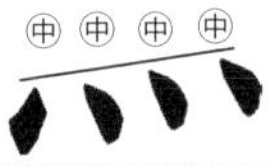

△

1年《ねん》

クリスマスには、ケーキのろうそくに、火《ひ》をともします。

カ ひ （ほ）

火

火 火 火 火

4画《かく》

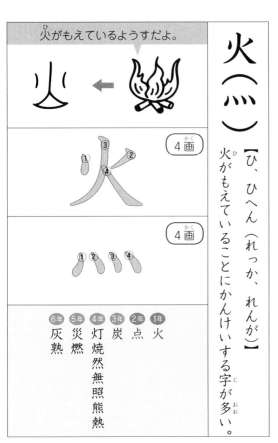

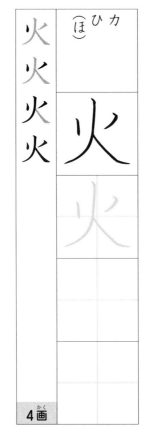

2年《ねん》

シチューをつくるため、こんろに点火《てんか》しました。

テン

点

9画《かく》

赤

【あか】

赤《あか》い色《いろ》にかんけいする字《じ》が多《おお》い。

大《だい》と火《ひ》を合《あ》わせて、火《ひ》が大《おお》きくもえる形《かたち》だよ。

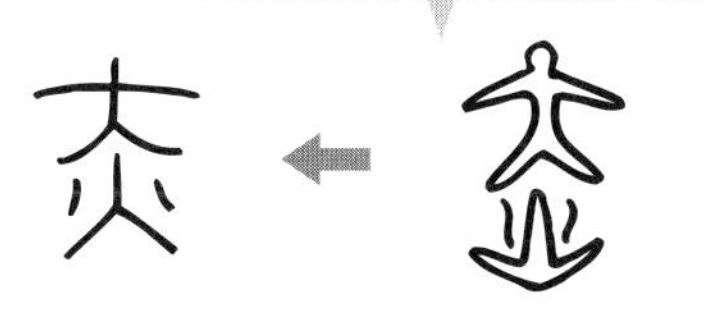

7画《かく》

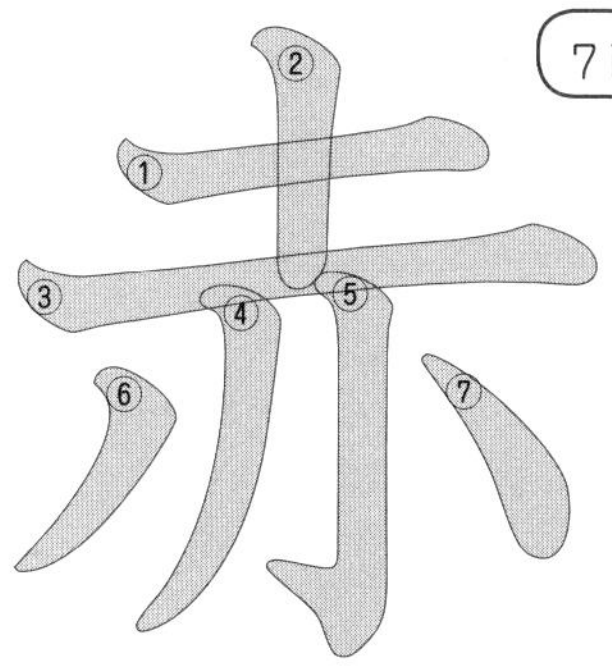

1年

赤

書《か》き方《かた》

1年《ねん》

山《やま》が火《か》じになり、赤《あか》いほのおがめらめらともえています。

セキ―(シャク)

あか―あかい

あからむ

あからめる

赤

7画《かく》

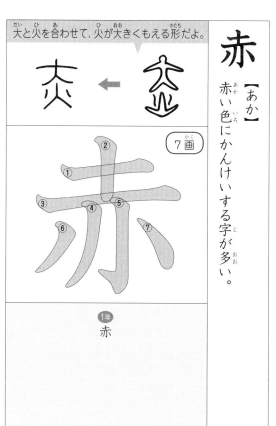

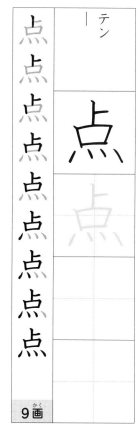

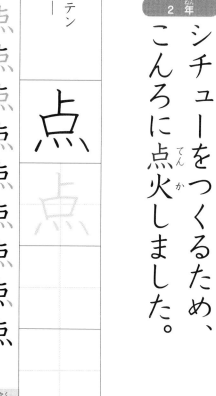

雨

【あめ、あめかんむり】

雨《あめ》にかんけいする字《じ》が多《おお》い。

空《そら》から雨《あめ》がふるようすだよ。

8画《かく》

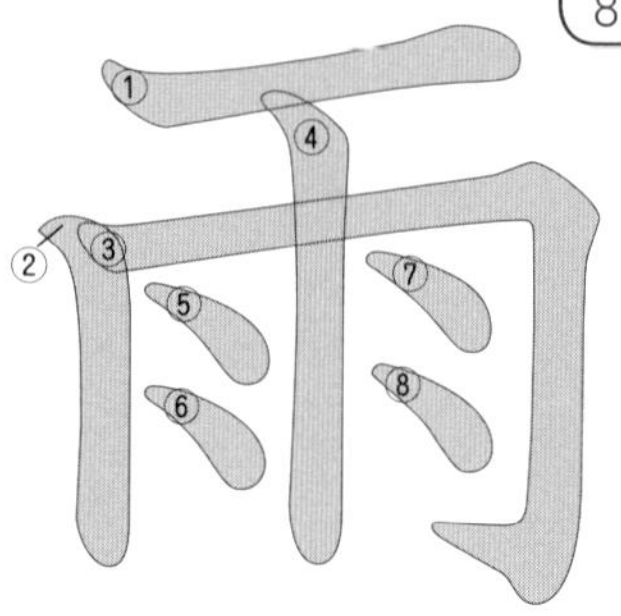

1年 雨

2年 雪 雲 電

書《か》き方《かた》

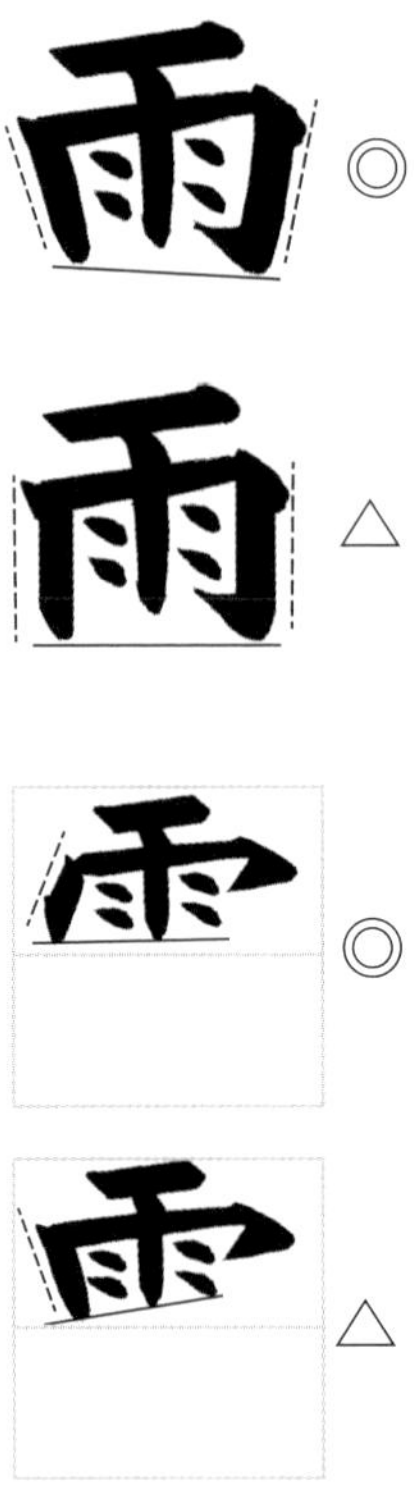

1年《ねん》

六月《ろくがつ》は、雨《あめ》がたくさんふり、雨《あま》がえるが、よくなきます。

雨

ウ

あめ

あま

雨雨雨雨雨雨雨雨

雨 雨

8画《かく》

2年《ねん》

雲《くも》の中《なか》から雪《ゆき》がふってきて、くらいので、電《でん》気《き》をつけました。

雲

ウン

くも

雲雲雲雲雲雲雲

雲 雲

12画《かく》

雪

セツ

ゆき

雪雪雪雪雪雪

雪 雪

11画《かく》

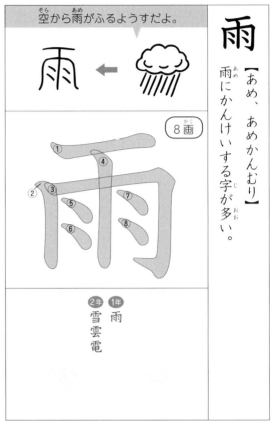

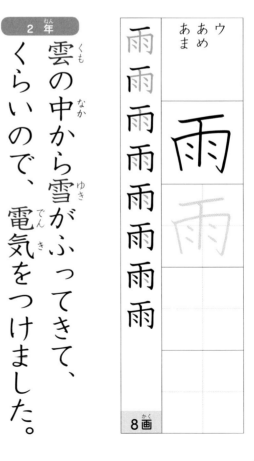

デン

電

電

電電電電電電

13画《かく》

風

【かぜ】

風《かぜ》のようすやしゅるいにかんけいする字《じ》が多《おお》い。

船《ふね》のほと虫《むし》を合《あ》わせた形《かたち》だよ。*

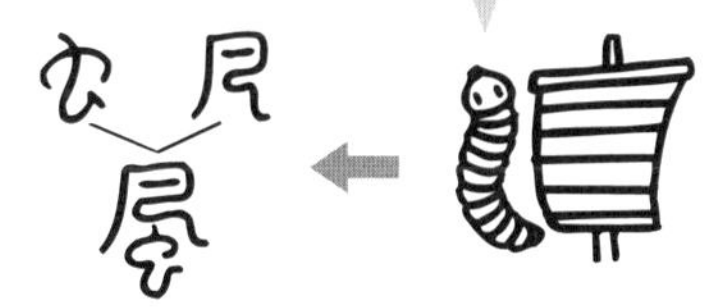

9画《かく》

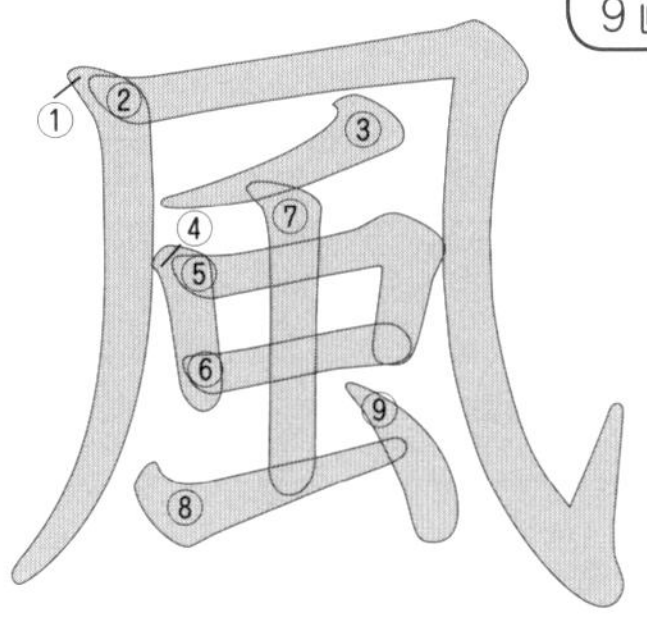

2年

風

*風《かぜ》でふくらむ船《ふね》のほと、あたたかい風《かぜ》がふいた後《あと》に生《う》まれる虫《むし》やどうぶつをあらわしている。

書《か》き方《かた》

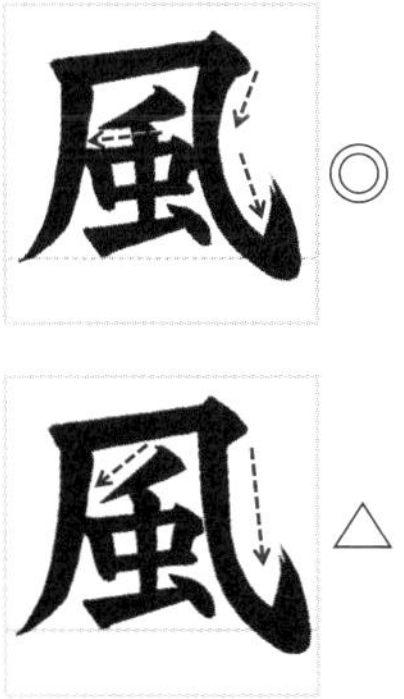

2年《ねん》

風《かぜ》をうけて、ほを広《ひろ》げた船《ふね》が海《うみ》の上《うえ》をすすみます。

フウ
（フ）
かぜ
かざ

風

風

風風風風風風風風風

9画《かく》

黒

【くろ】

黒《くろ》い色《いろ》、黒《くろ》いものにかんけいする字《じ》が多《おお》い。

下《した》から火《ひ》がもえて、えんとつにすすがついた形《かたち》だよ。

11画《かく》

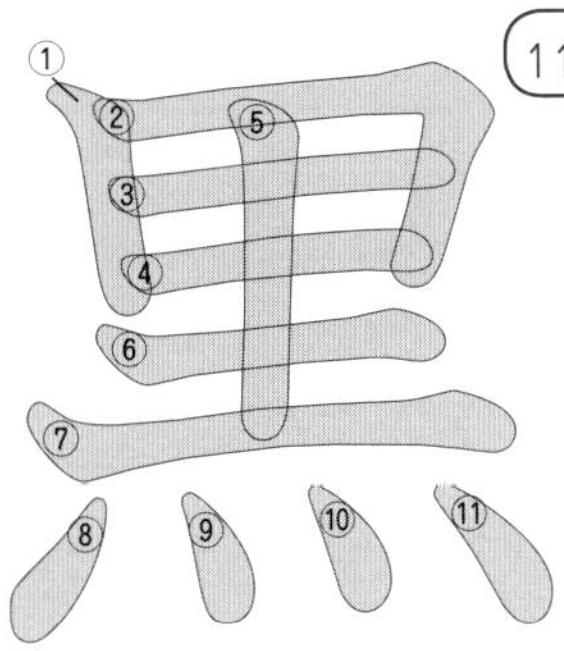

2年

黒

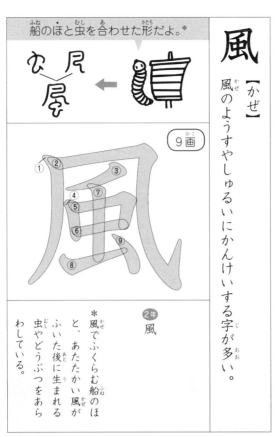

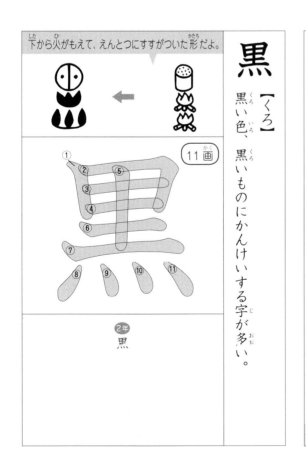

書《か》き方《かた》

◎

△

2年《ねん》

かみなりにうたれた木《き》は、やけて、まっ黒《くろ》になりました。

コク
くろ
くろい

黒

黒

黒黒黒黒黒黒黒黒

11画《かく》

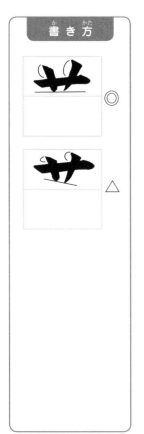

木《き》や草《くさ》花《ばな》
部首《ぶしゅ》がもとになった

艹

【くさかんむり】

草《くさ》のしゅるいやようすをあらわす字《じ》が多《おお》い。

草《くさ》が生《は》えている形《かたち》だよ。

3画《かく》

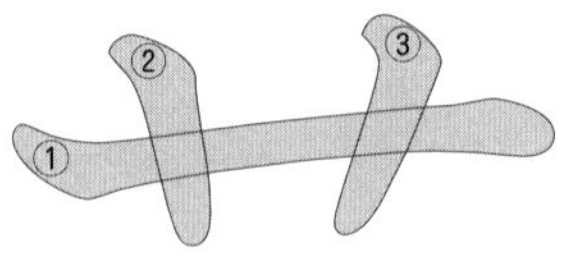

1年 草 花

2年 茶

3年 苦 荷 葉 落 薬

4年 芸 英 芽 茨 菜

6年 若 著 蒸 蔵

書《か》き方《かた》

◎

△

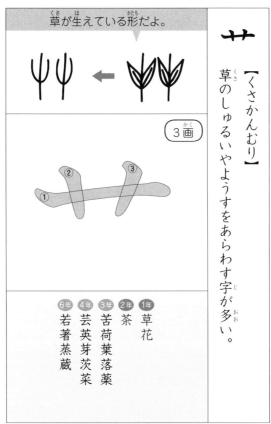

1年《ねん》

月見草《つきみそう》や、ほうせん花《か》などの草花《くさばな》をそだてています。

草

ソウ
くさ

9画《かく》

草草草草草草草草草

花

カ
はな

7画《かく》

花花花花花花花

2年《ねん》

お茶《ちゃ》とおかしを出《だ》して、おもてなししました。

茶

チャ
（サ）

9画《かく》

茶茶茶茶茶茶茶茶茶

木

【き、きへん】

木《き》や、木《き》で作《つく》ったものにかんけいする字《じ》が多《おお》い。

木《き》の形《かたち》だよ。

4画《かく》

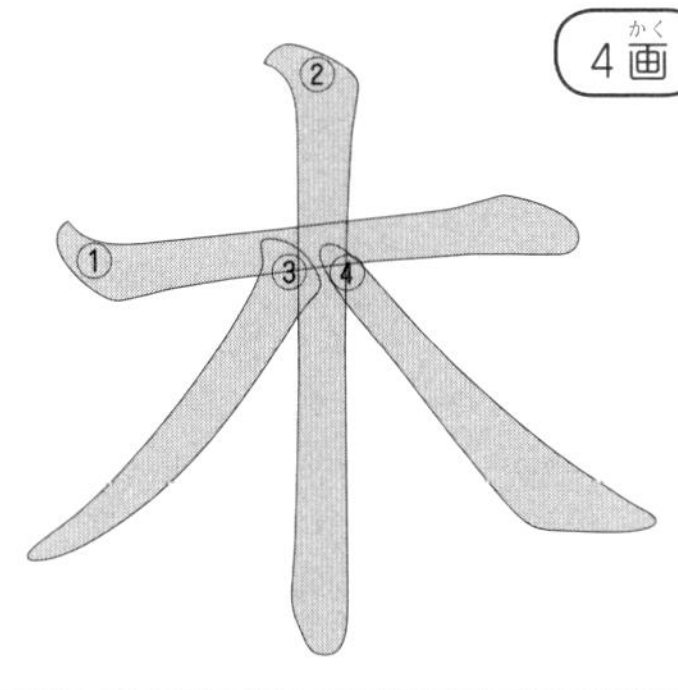

1年 木本村林校森

2年 来東楽

3年 板柱根植業様横 橋

4年 札末未材束果松 栄栃案梅械梨極 標機

5年 条枝査桜格検構

6年 机枚染株棒模権 樹

書《か》き方《かた》

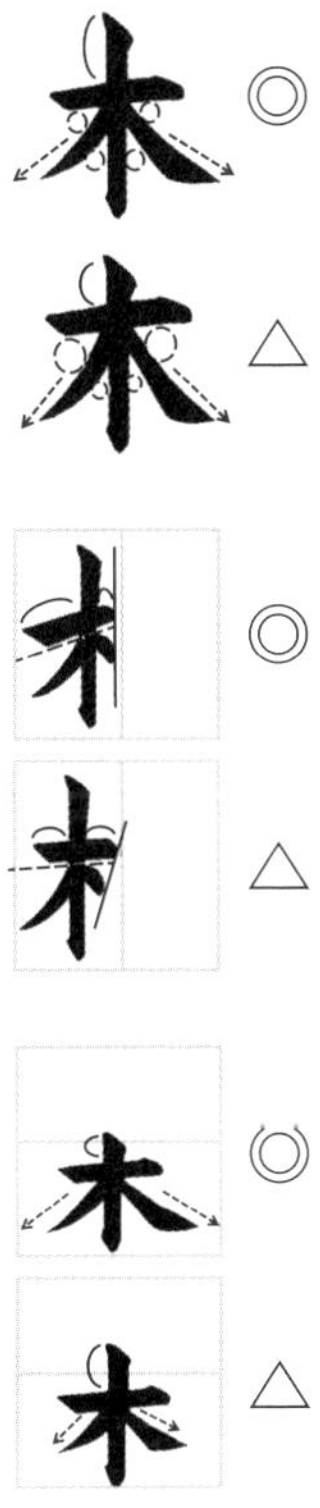

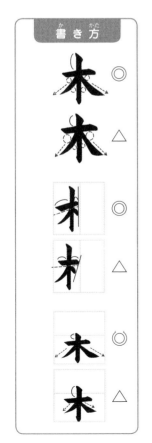

1年《ねん》

その村《むら》の入《い》り口《ぐち》には、　二《に》本《ほん》のかしの木《き》があります。

村

ソン
むら

村村村村村村村

7画《かく》

本

ホン
もと

本本本本本

5画《かく》

木

ボク
モク
き
こ

木木木木

4画《かく》

1年《ねん》

林《はやし》や森《もり》では、　小《こ》とりが、　木《き》にすをつくります。

林

リン
はやし

林林林林林林林林

8画《かく》

森

シン
もり

森森森森森森

12画《かく》

1年《ねん》

学《がっ》校《こう》で、　さくらの木《き》をかんさつしました。

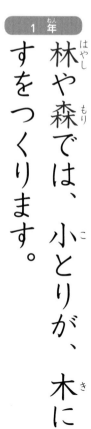

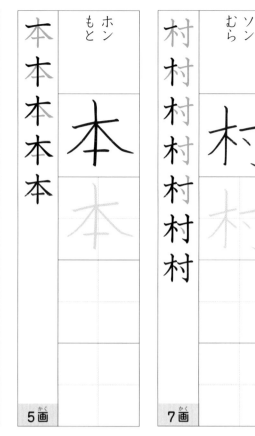

校

コウ
ー

10画《かく》

2年《ねん》

東《ひがし》の国《くに》から、音《おん》楽《がく》たいがやって来《き》ました。

東

トウ
ひがし

8画《かく》

楽

ガク
ラク
たのしい
たのしむ

13画《かく》

来

ライ
くる
（きたる）
（きたす）

7画《かく》

禾

【のぎへん】

いねやあわなどの作《さく》もつにかんけいする字《じ》が多《おお》い。

こくもつのほが、たれ下《さ》がったようすだよ。

5画《かく》

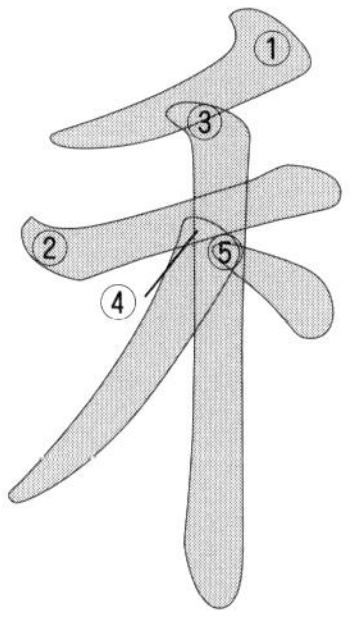

2年	3年	4年	5年	6年
科 秋	秒	種 積	移 税 程	私 秘 穀

書《か》き方《かた》

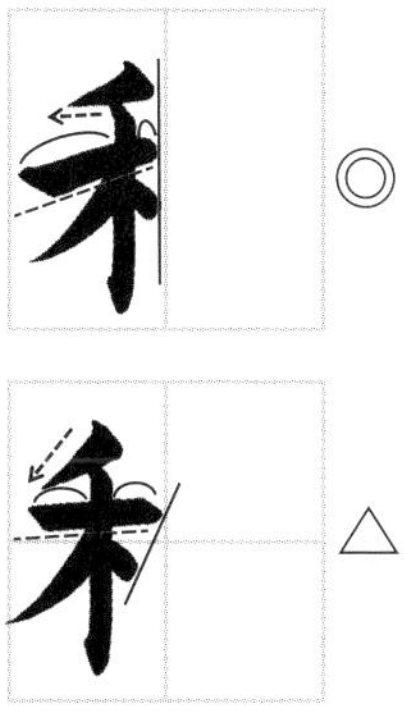

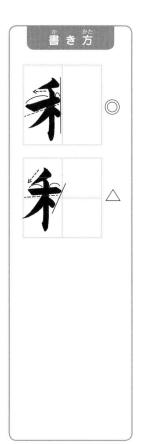

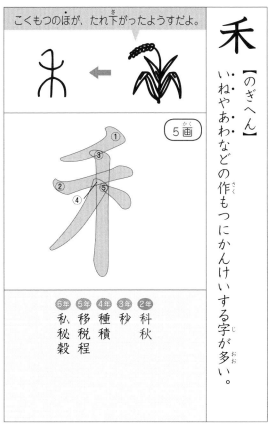

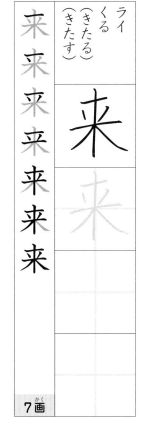

2 年《ねん》

百科《ひゃっか》じてんで、秋《あき》の草花《くさばな》のことをしらべます。

科

カ

9画《かく》

秋

シュウ
あき

9画《かく》

生

【うまれる】

いのちや、生《う》まれることにかんけいする字《じ》が多《おお》い。

土《つち》の中《なか》から草《くさ》のめが生《は》えてきたようすだよ。

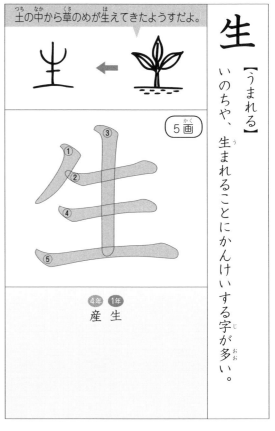

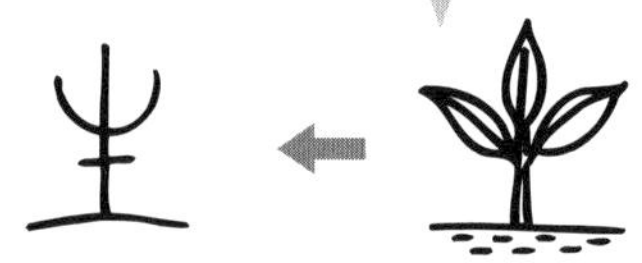

5画《かく》

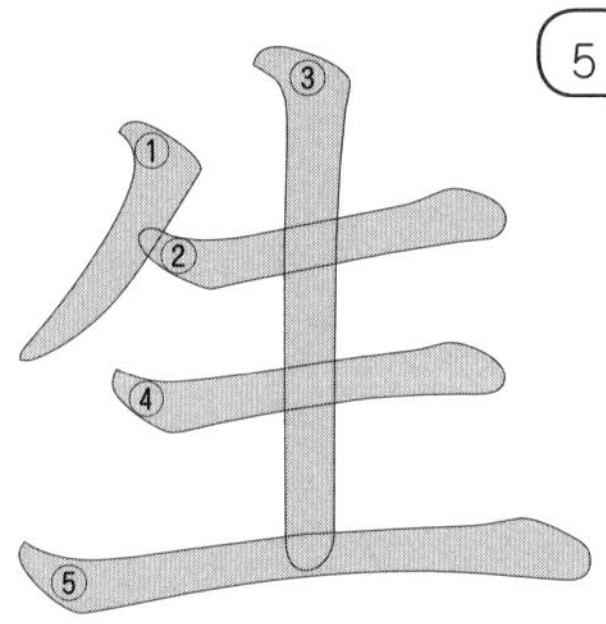

4年 1年

産 生

書《か》き方《かた》

生 ◎

生 △

1 年《ねん》

たねをまいたばしょから、ふたばが生《は》えてきました。

セイ—ショウ
いきる—いかす
いける—うまれる
うむ—(おう)
はえる—はやす
(き)—なま

生

生生生生生

5画《かく》

白

【しろ】

どんぐりは中《なか》が白《しろ》いことから、白《しろ》いこと、はっきりしたことをあらわす。

どんぐりのような木《き》のみの形《かたち》だよ。

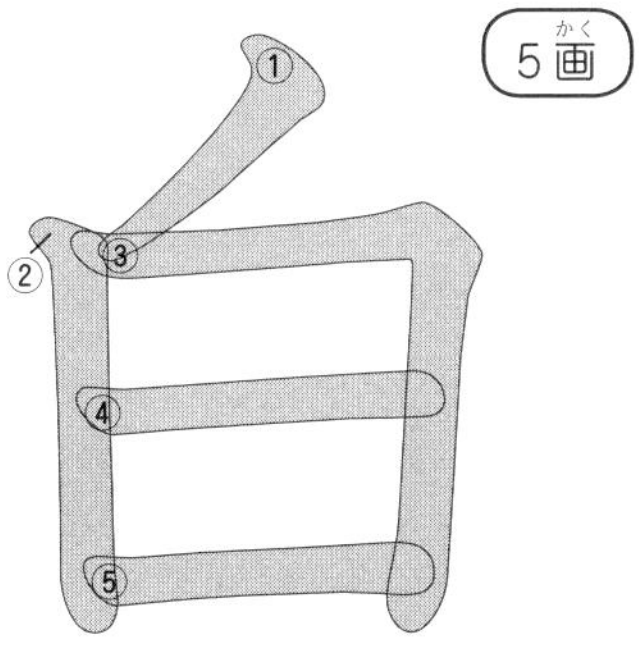

1年 白 百
4年 的
6年 皇

書《か》き方《かた》

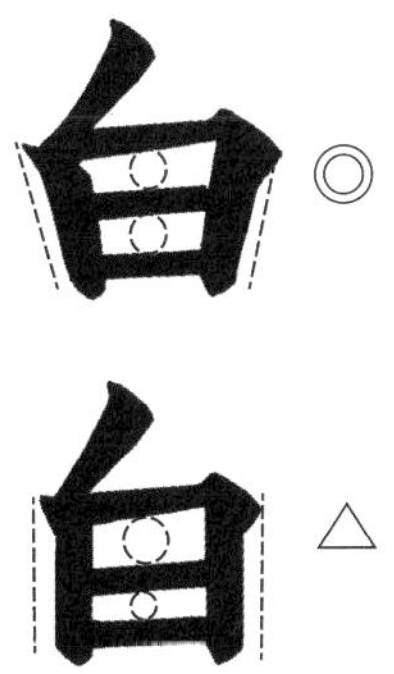

1年《ねん》

どんぐりを百《ひゃっ》こあつめました。
どんぐりの中《なか》は白《しろ》いいろでした。

ヒャク

百

百百百百百百

6画《かく》

ハク
(ビャク)
しろ—しら
しろい

白

白白白白白

5画《かく》

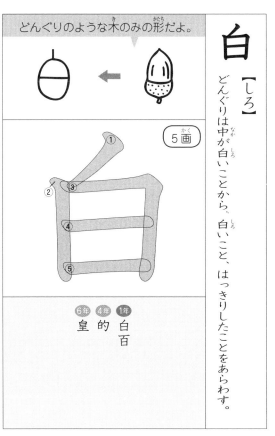

米

【こめ、こめへん】

米《こめ》や、米《こめ》で作《つく》ったものにかんけいする字《じ》が多《おお》い。

米《こめ》のつぶがちらばったようすだよ。

6画《かく》

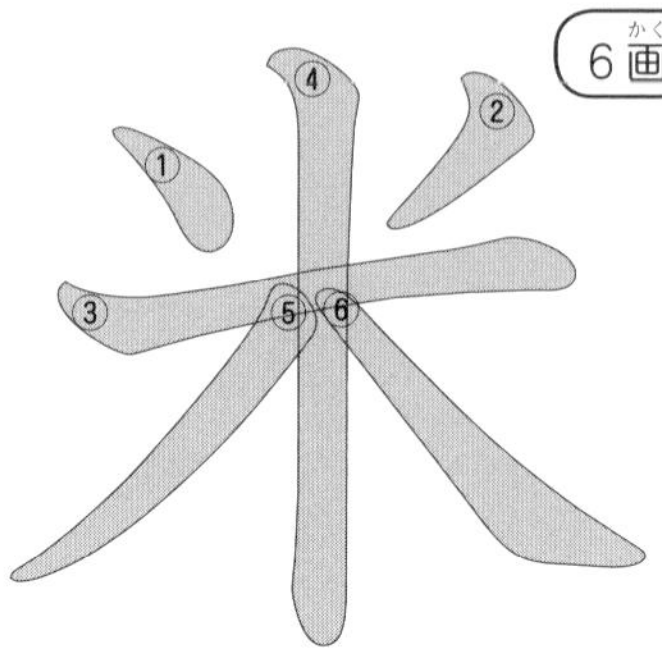

2年	5年	6年
米	粉 精	糖

書《か》き方《かた》

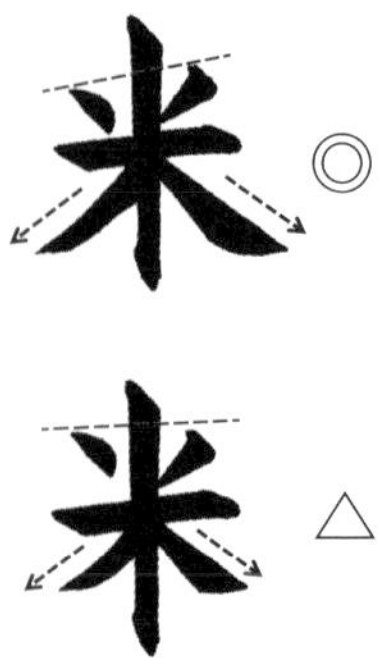

◎ △

2年《ねん》

米《こめ》つぶは、半《はん》とうめいですが、水《みず》でたくと、白《しろ》くなります。

米米米米米米

ベイ
マイ
こめ

米

6画《かく》

竹

【たけ、たけかんむり】

竹《たけ》や、竹《たけ》で作《つく》ったものにかんけいする字《じ》が多《おお》い。

2本《ほん》の竹《たけ》の形《かたち》だよ。

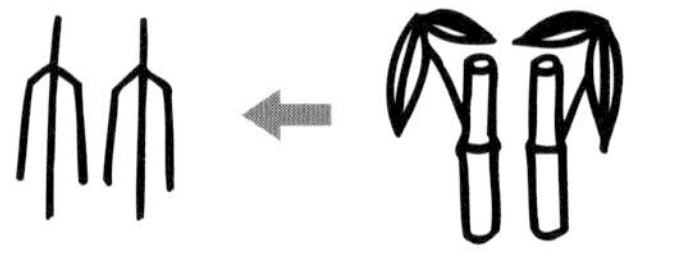

6画《かく》

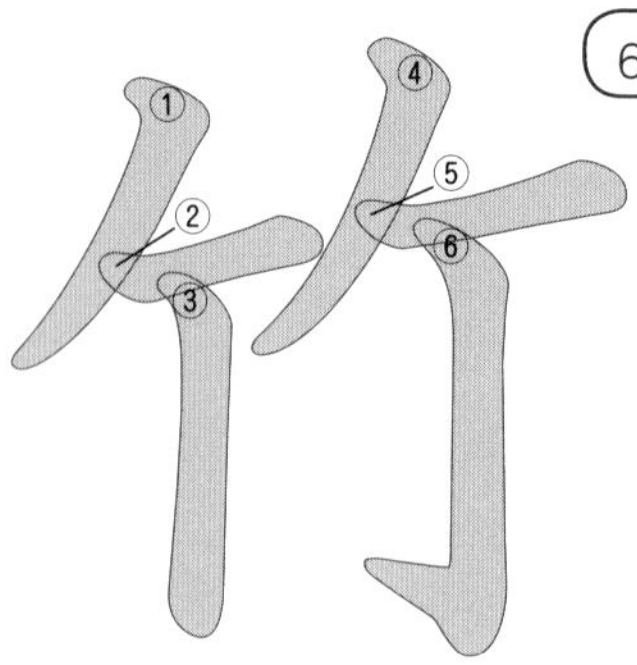

1年	2年	3年	4年	5年	6年
竹	答 算	第 笛 等 筆 箱	笑 節 管	築	筋 策 簡

書《か》き方《かた》

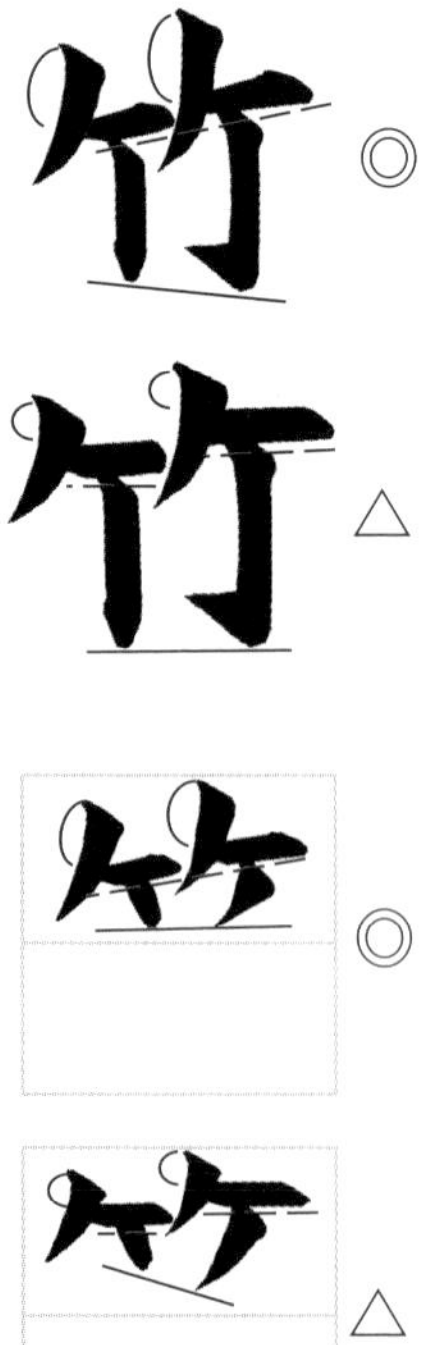

◎ △ ◎ △

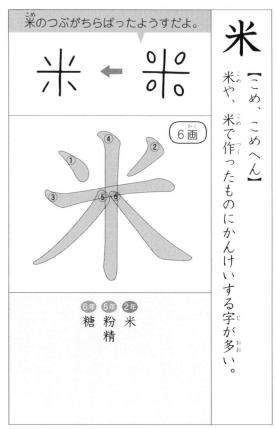

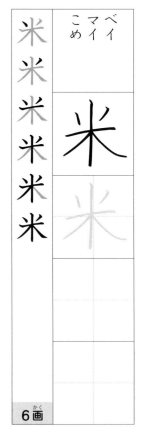

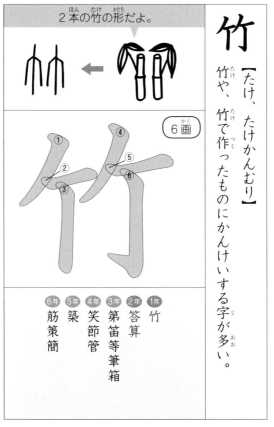

1年《ねん》

竹林《ちくりん》から竹《たけ》をきってきて、七夕《たなばた》のかざりつけをします。

竹

チク
たけ

竹

6画《かく》

竹竹竹竹竹竹

2年《ねん》

たし算《ざん》の答《こた》えを、そろばんでたしかめました。

算

サン

算

14画《かく》

算算算算算算算

答

トウ
こたえる
こたえ

答

12画《かく》

答答答答答

麦

【むぎ、ばくにょう】

麦《むぎ》や、麦《むぎ》で作《つく》ったものにかんけいする字《じ》が多《おお》い。

みのった麦《むぎ》と、足《あし》を合《あ》わせた形《かたち》だよ。

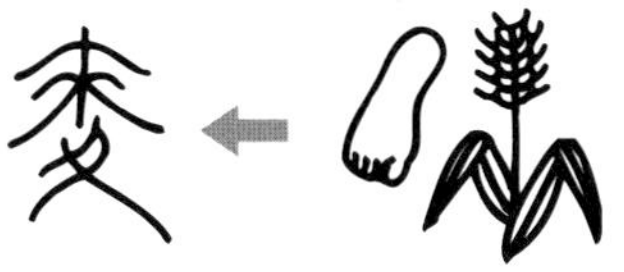

7画《かく》

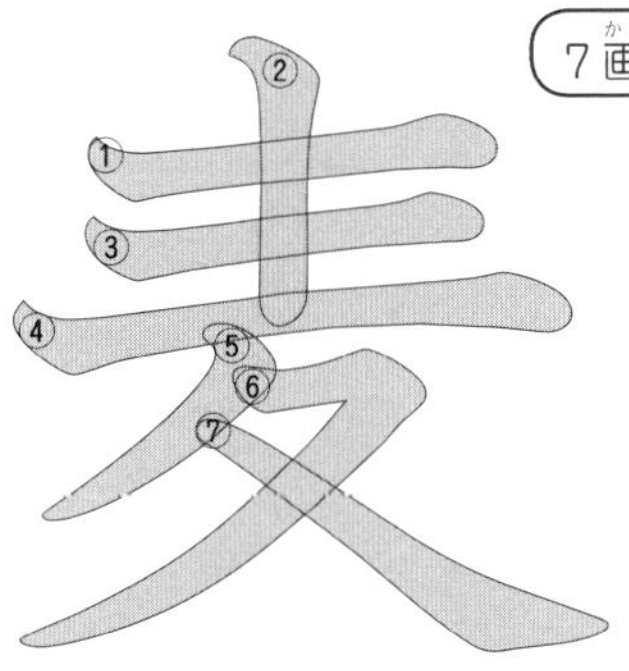

書《か》き方《かた》

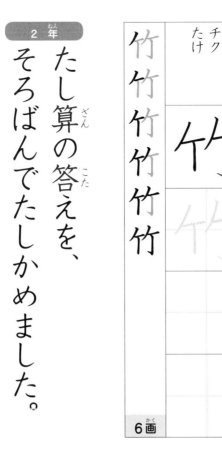

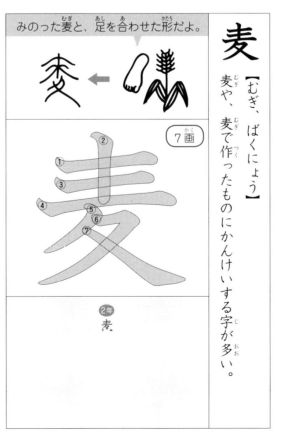

2 年《ねん》

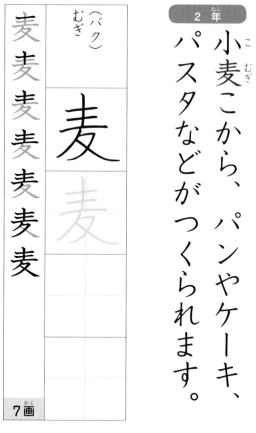

小《こ》麦《むぎ》から、パンやケーキ、パスタなどがつくられます。

（バク）
むぎ

麦

麦

麦
麦
麦
麦
麦
麦
麦

7画《かく》

青

【あお】 すんでいる、すきとおってうごかないといういみの字《じ》が多《おお》い。

青《あお》い草《くさ》と、い戸《ど》にたまった水《みず》を合《あ》わせた形《かたち》だよ。

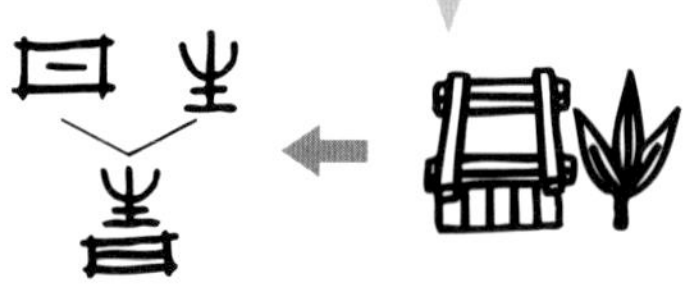

8画《かく》

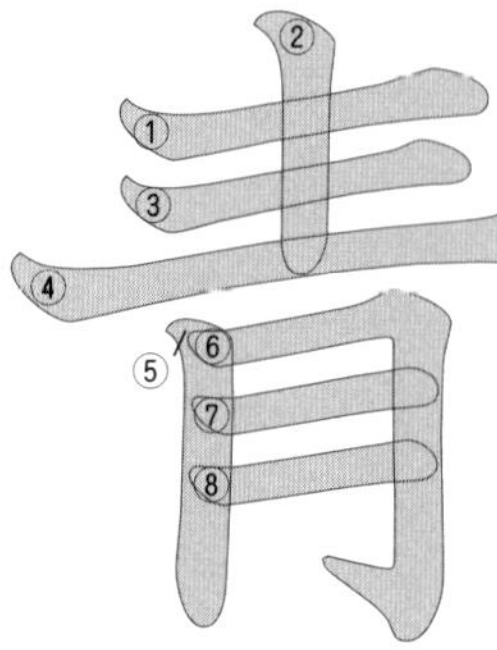

4年 1年
静 青

書《か》き方《かた》

青 ◎

青 △

1 年《ねん》

すみきった青《あお》い空《そら》に、にじが出《で》ています。

セイ
（ショウ）
あお
あおい

青

青

青
青
青
青
青
青
青
青

8画《かく》

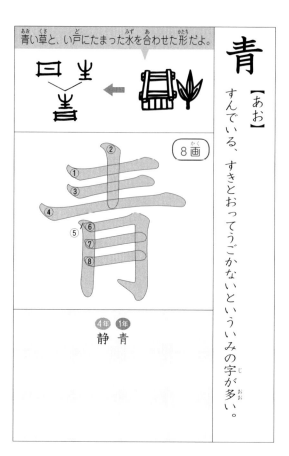

食（食）

【たべる、しょく（しょくへん）】
食《た》べること、食《た》べものにかんけいする字《じ》が多《おお》い。

ごはんをもった食《しょっ》きにふたをした形《かたち》だよ。

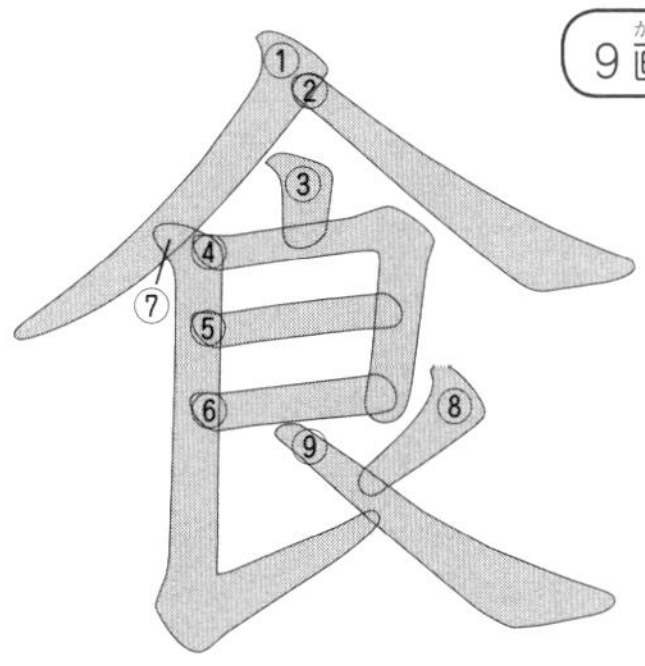

9画《かく》

2年 食
3年 飲 館
4年 飯 養
5年 飼

書《か》き方《かた》

2年《ねん》

きゅう食《しょく》のカレーを、おかわりして食《た》べました。

ショク
（ジキ）くう
（くらう）
たべる

食

9画《かく》

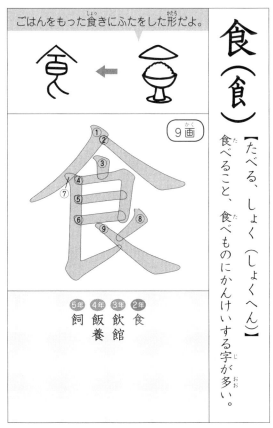

生《い》きもの

にかんけいのある部首《ぶしゅ》

犬（犭）いぬ（けものへん）
牛（牛）うし（うしへん）
羽 はね
角 つの、つのへん
馬 うま、うまへん
鳥 とり

どうぶつ
p.81

虫 むし、むしへん
貝 かい、かいへん
魚 うお、うおへん、さかな

虫《むし》や魚《さかな》
p.85

どうぶつ

部首《ぶしゅ》がもとになった

犬（犭）

【いぬ（けものへん）】

けものにかんけいする字《じ》が多《おお》い。

犬《いぬ》の形《かたち》だよ。

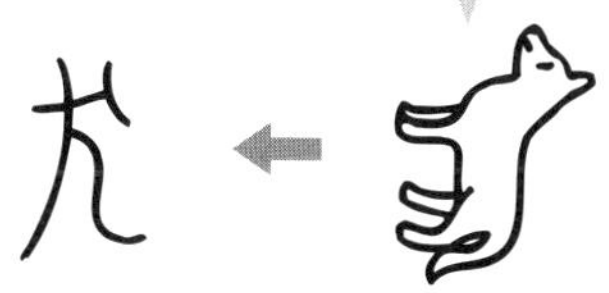

4画《かく》

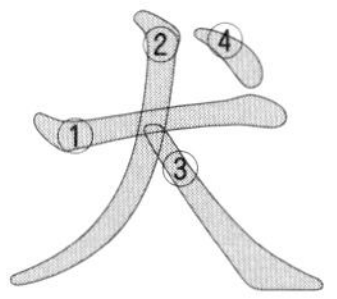

3画《かく》

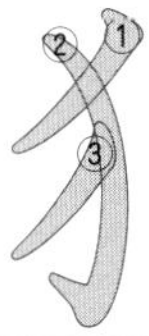

1年 犬

5年 犯 状 独

書《か》き方《かた》

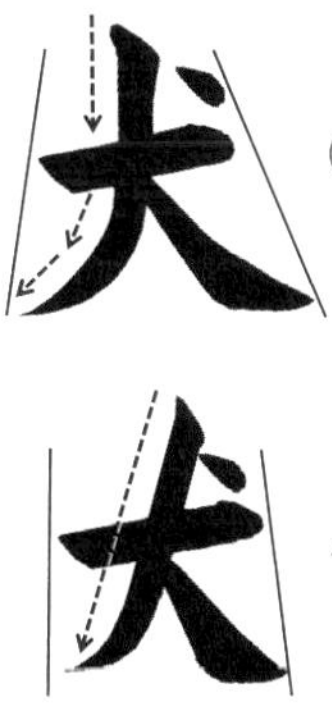

◎ △

1年《ねん》

犬《いぬ》には、しば犬《いぬ》やチワワなど、たくさんのしゅるいがあります。

ケン
いぬ

犬

4画《かく》

牛（牜）

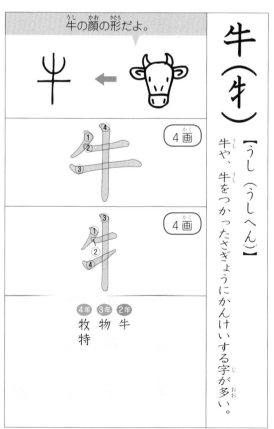

【うし（うしへん）】

牛《うし》や、牛《うし》をつかったさぎょうにかんけいする字《じ》が多《おお》い。

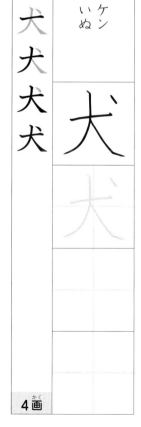

牛《うし》の顔《かお》の形《かたち》だよ。

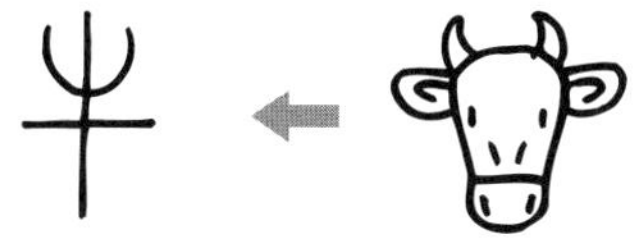

4画《かく》

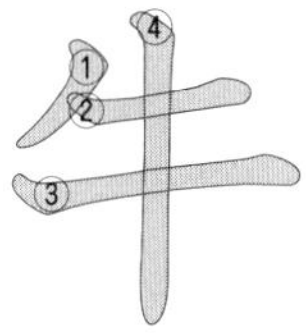

4画《かく》

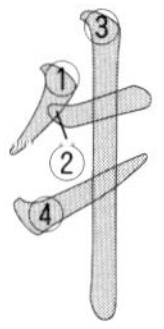

2年 牛

3年 物

4年 牧 特

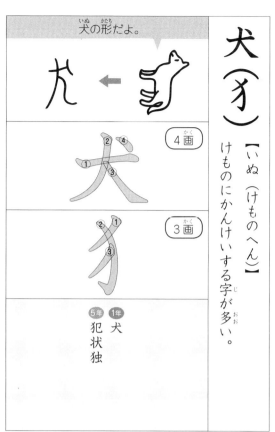

書《か》き方《かた》

牛 ◎

牛 △

2年《ねん》

牛《うし》のちちをしぼって、そのミルクを、アイスクリームにします。

牛

ギュウ
うし

牛牛牛牛

4画《かく》

羽

【はね】

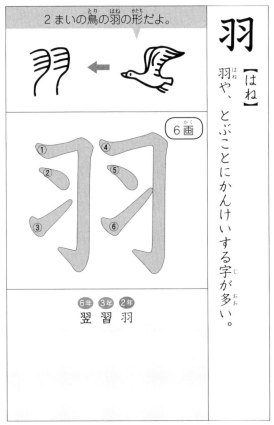

羽《はね》や、とぶことにかんけいする字《じ》が多《おお》い。

2まいの鳥《とり》の羽《はね》の形《かたち》だよ。

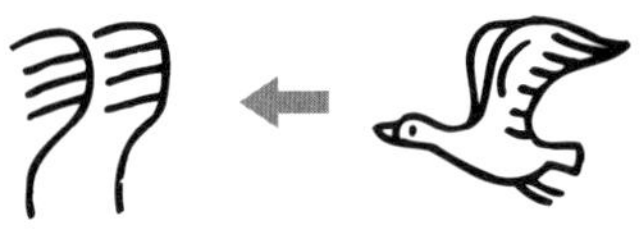

6画《かく》

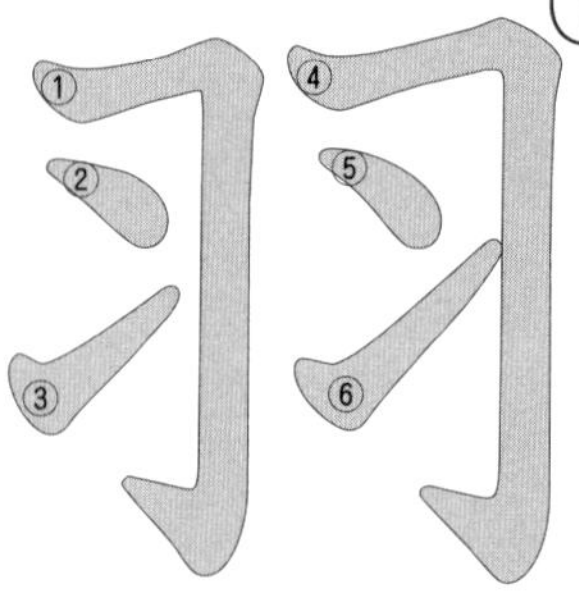

6年 3年 2年

翌 習 羽

書《か》き方《かた》

羽 ◎

羽 △

2年《ねん》

三羽《さんば》のスズメが、羽《はね》を広《ひろ》げて、とんでいます。

（ウ）
は
はね

羽

羽

6画《かく》

羽羽羽羽羽羽

角

【つの、つのへん】

角《つの》の形《かたち》や、角《つの》で作《つく》ったものにかんけいする字《じ》が多《おお》い。

どうぶつの角《つの》の形《かたち》だよ。

7画《かく》

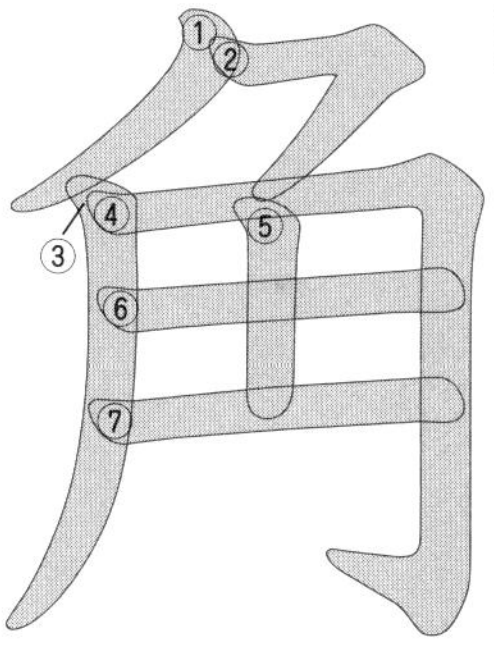

5年 2年
解 角

書《か》き方《かた》

角 ◎

角 △

2年《ねん》

しかの角《つの》は、えだ分《わ》かれして、水牛《すいぎゅう》の角《つの》は、まがっています。

カク
かど
つの

角

角

7画《かく》

角角角角角角角

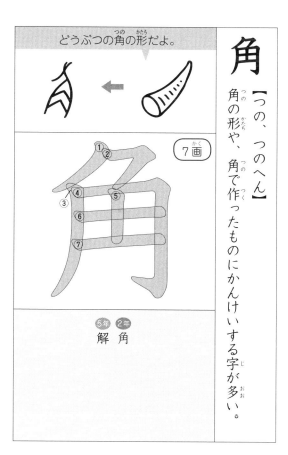

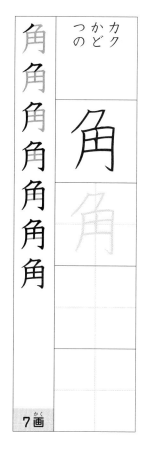

馬

【うま、うまへん】

のりもの、馬《うま》のうごきにかんけいする字《じ》が多《おお》い。

馬《うま》の形《かたち》だよ。

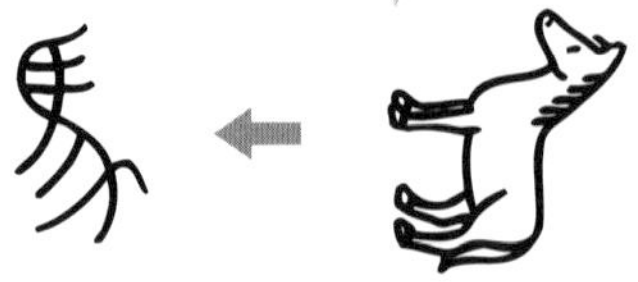

10画《かく》

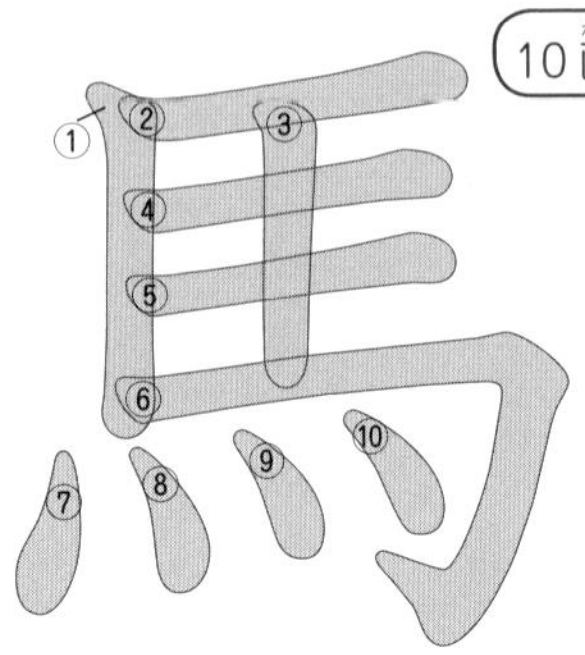

4年 験　3年 駅　2年 馬

書《か》き方《かた》

馬 ◎

馬 △

2年《ねん》

馬《うま》は力《ちから》もちなので、人《ひと》をのせた馬車《ばしゃ》を引《ひ》っぱって、走《はし》れます。

馬馬馬馬馬馬馬

バ

うま

ま

馬

馬

10画《かく》

鳥

【とり】

鳥《とり》にかんけいする字《じ》が多《おお》い。

長《なが》いおをもつ鳥《とり》の形《かたち》だよ。

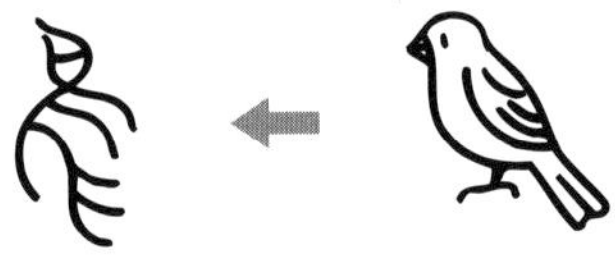

11画《かく》

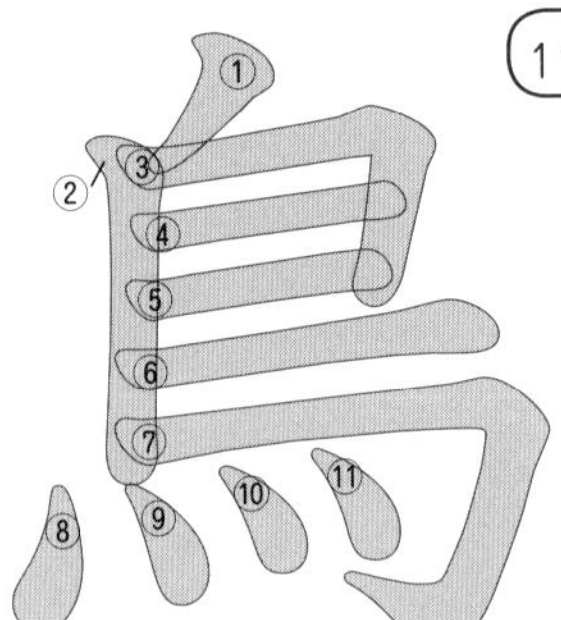

2年 鳥 鳴

書《か》き方《かた》

鳥 ◎

鳥 △

鳴 ◎

鳴 △

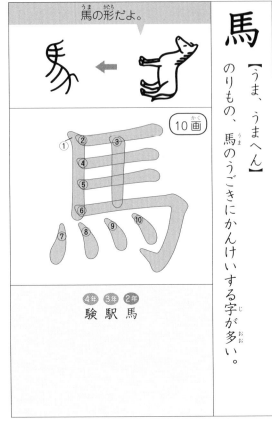

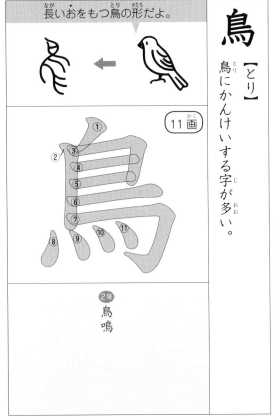

2年《ねん》

ウグイスという鳥《とり》は、「ホーホケキョ」と鳴《な》きます。

鳥

チョウ
とり

11画《かく》

鳥鳥鳥鳥鳥鳥鳥

鳴

メイ
なく
なる
ならす

14画《かく》

鳴鳴鳴鳴鳴鳴鳴鳴

虫《むし》や魚《さかな》

部首《ぶしゅ》がもとになった

虫

【むし、むしへん】

虫《むし》にかんけいする字《じ》、小《ちい》さな生《い》きものをあらわす字《じ》が多《おお》い。

細長《ほそなが》い虫《むし》が体《からだ》をくねらせているすがただよ。

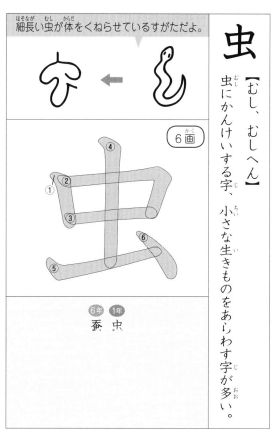

6画《かく》

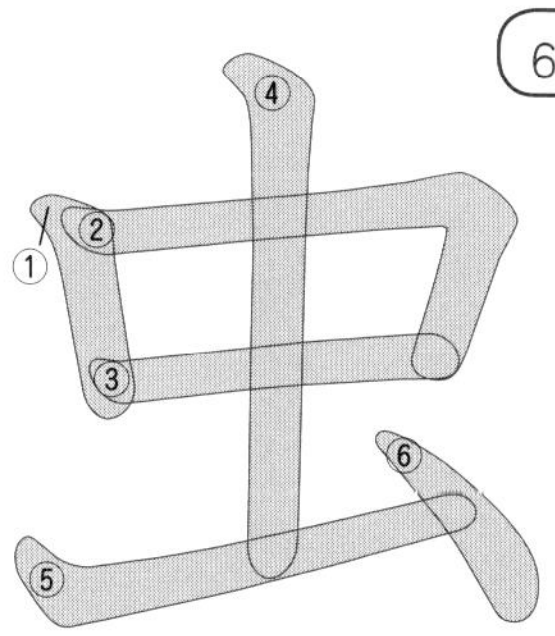

6年 蚕

1年 虫

書《か》き方《かた》

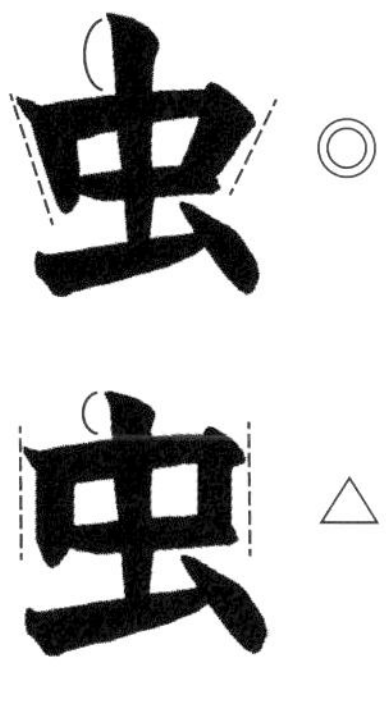

1年《ねん》

小《ちい》さな青虫《あおむし》が、キャベツのはをむしゃむしゃたべていました。

チュウ
むし

虫

6画《かく》

虫虫虫虫虫虫

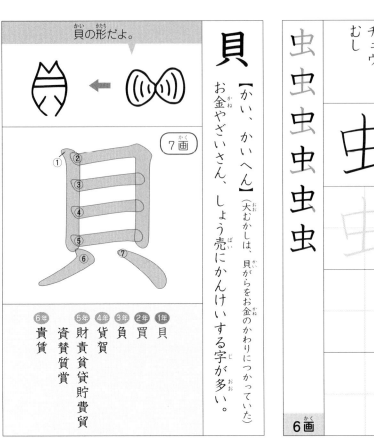

貝

【かい、かいへん】(大《おお》むかしは、貝《かい》がらをお金《かね》のかわりにつかっていた)

お金《かね》やざいさん、しょう売《ばい》にかんけいする字《じ》が多《おお》い。

貝《かい》の形《かたち》だよ。

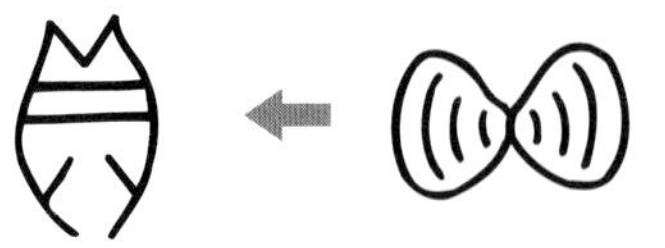

7画《かく》

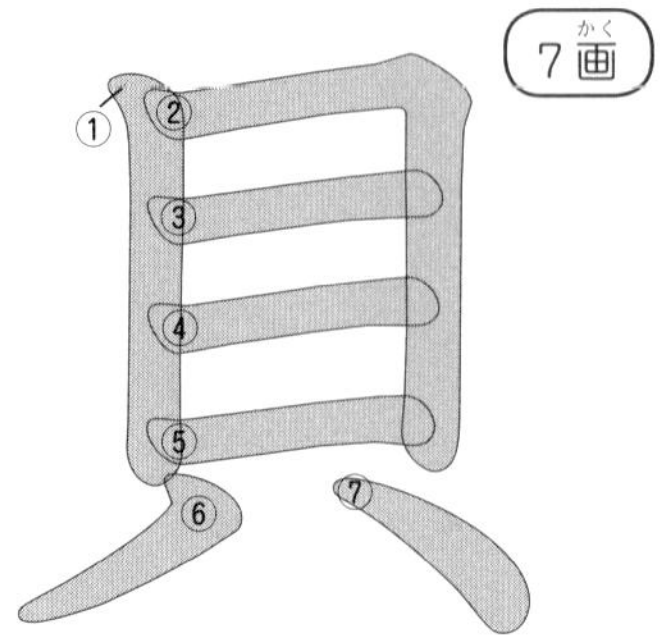

1年 貝
2年 買
3年 負
4年 貨賀
5年 財責貧貸貯費貿資賛質賞
6年 貴賃

書《か》き方《かた》

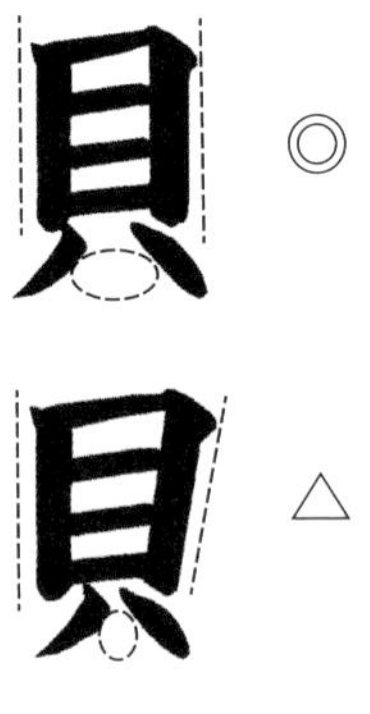

1年《ねん》

きれいな貝《かい》がらは、むかしは、お金《かね》としてつかわれていました。

かい

貝

7画《かく》

貝貝貝貝貝貝貝

2年《ねん》

貝《かい》がらのネックレスを買《か》いました。

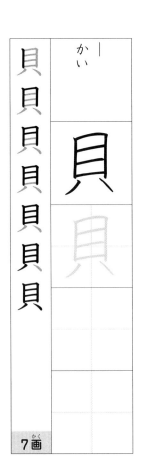

買 買 買 買 買 買

バイ
かう

買

買

12画《かく》

魚

【うお、うおへん、さかな】

魚《さかな》のようすや、魚《さかな》の名前《なまえ》をあらわす字《じ》が多《おお》い。

魚《さかな》の形《かたち》だよ。

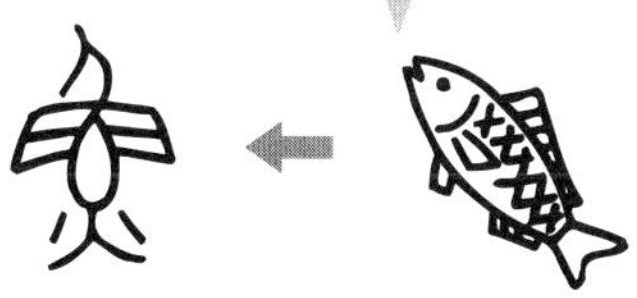

11画《かく》

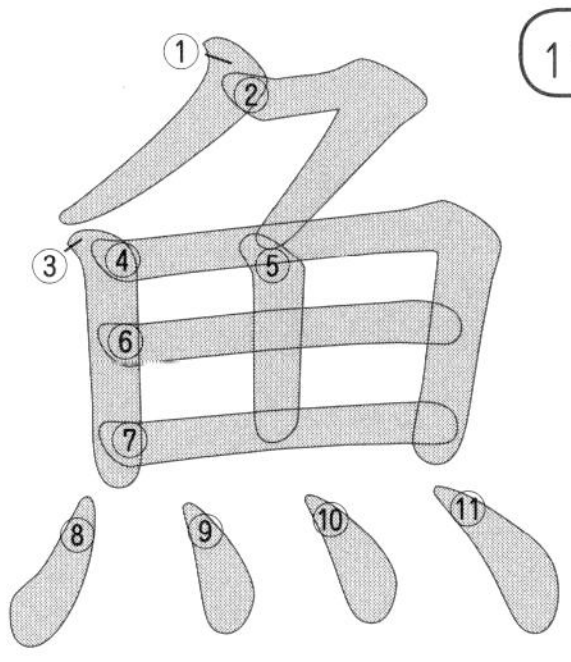

2年

魚

書《か》き方《かた》

魚 ◎

魚 △

2年《ねん》

タイという魚《さかな》は、すがたもきれいだし、たべてもおいしい。

魚 魚 魚 魚 魚 魚

ギョ
うお
さかな

魚

魚

11画《かく》

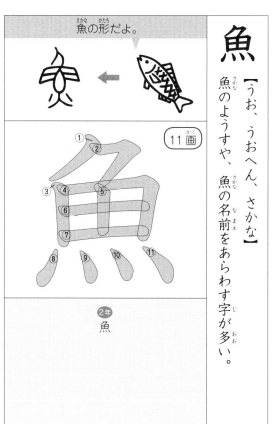

道《どう》ぐ

にかんけいのある部《ぶ》首《しゅ》

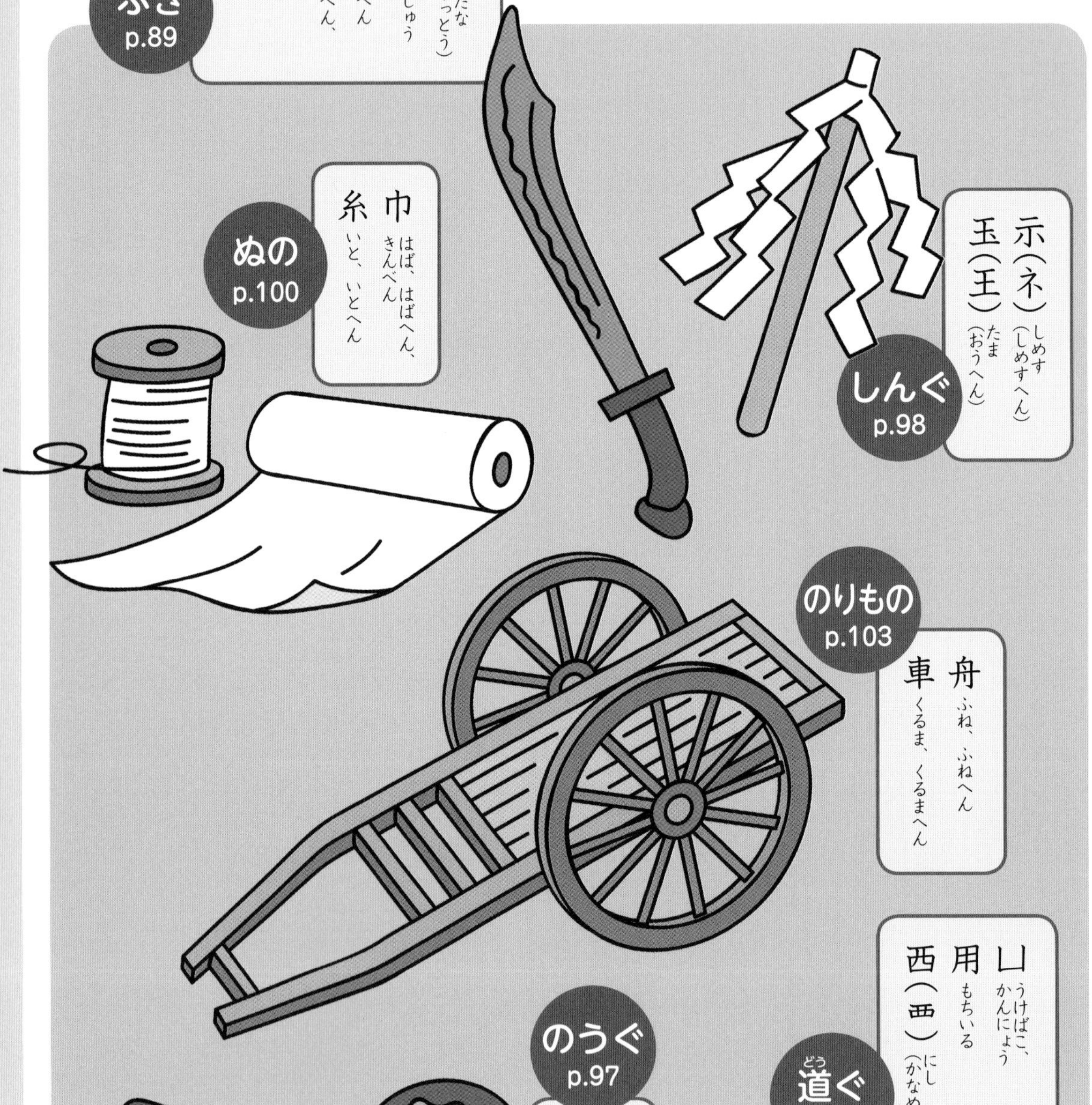

ぶき p.89

- 刀（刂） かたな（りっとう）
- 干 かん、いちじゅう
- 弓 ゆみ、ゆみへん
- 方 ほう、かたへん、ほうへん
- 矢 や、やへん
- 黄 き

ぬの p.100

- 巾 はば、はばへん、きんべん
- 糸 いと、いとへん

しんぐ p.98

- 示（ネ） しめす（しめすへん）
- 玉（王） たま（おうへん）

のりもの p.103

- 舟 ふね、ふねへん
- 車 くるま、くるまへん

道《どう》ぐ p.94

- 凵 うけばこ、かんにょう
- 用 もちいる
- 西（覀） にし（かなめがしら）

のうぐ p.97

- 工 たくみ、たくみへん
- 斤 おのづくり、きん

ぶき

がもとになった部首《ぶしゅ》

刀（刂）

【かたな（りっとう）】

刀《かたな》や、ものを切《き》りとるなどのいみをあらわす字《じ》が多《おお》い。

はがそっている刀《かたな》の形《かたち》だよ。

刀　2画《かく》

刂　2画《かく》

2年　刀切分前

3年　列

4年　初別利刷副

5年　刊判制則

6年　券刻割創劇

書《か》き方《かた》

刀 ◎

刀 △

刂 ◎

刂 △

2年《ねん》

かいぶつの首《くび》を、まほうの刀《かたな》で切《き》りおとしました。

刀

トウ

かたな

2画《かく》

切

セツ

（サイ）

きる

きれる

4画《かく》

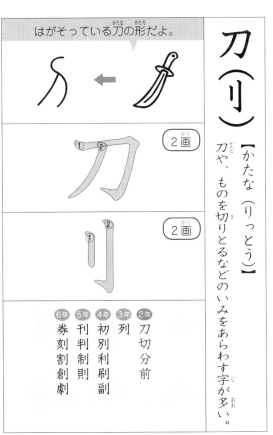

2 年《ねん》

ケーキを切《き》り分《わ》けて、おきゃくさまの前《まえ》におきました。

分

ブ｜ブン｜フン
わける
わかれる
わかる｜わかつ

分 分 分 分

4画《かく》

前

ゼン
まえ

前 前 前 前 前 前 前 前 前

9画《かく》

干

【かん、いちじゅう】

「干」という形《かたち》をふくむ字《じ》のなかま。

てきをふせぐ、二《ふた》またのぼうの形《かたち》だよ。

3画《かく》

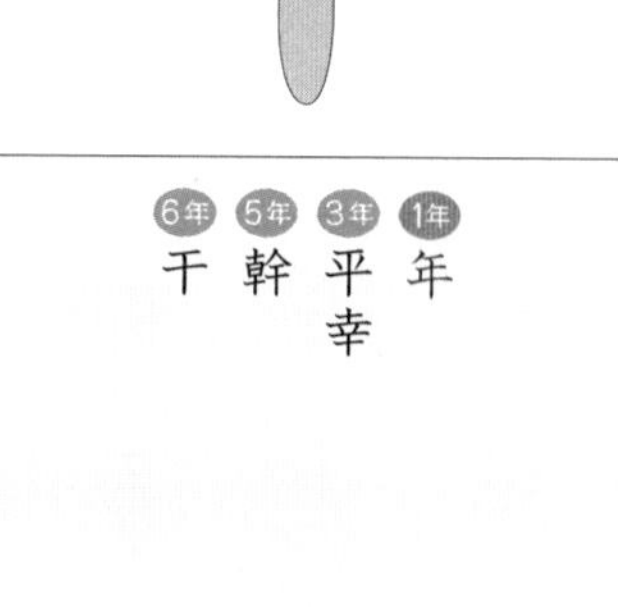

6年 干　5年 幹　3年 平 幸　1年 年

書《か》き方《かた》

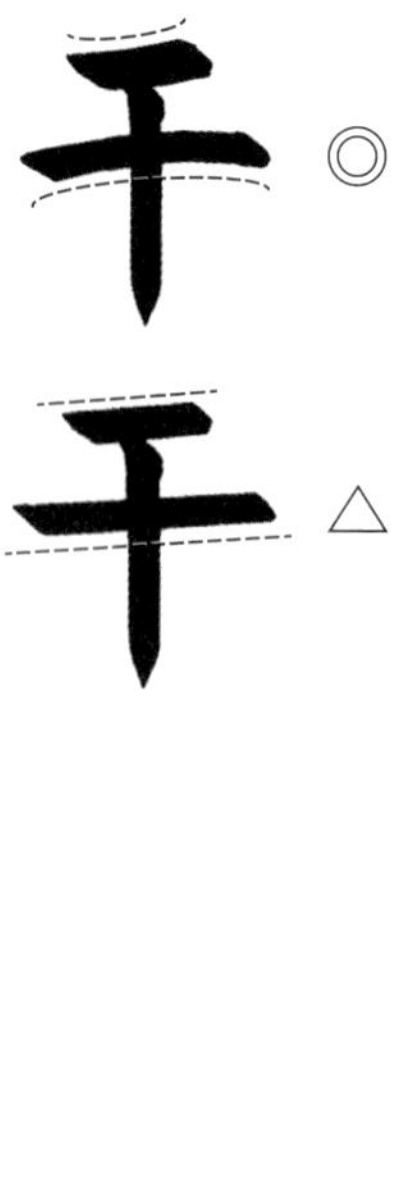

1 年《ねん》

まい年《とし》、くまがはたけをあらすので、さくを立《た》てます。

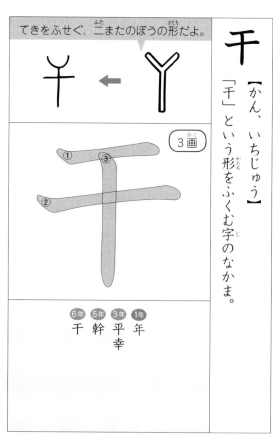

年年年年年年

ネン
とし

年

6画《かく》

弓

【ゆみ、ゆみへん】

弓《ゆみ》の形《かたち》や、弓《ゆみ》をうつうごきにかんけいする字《じ》が多《おお》い。

弓《ゆみ》の形《かたち》だよ。

3画《かく》

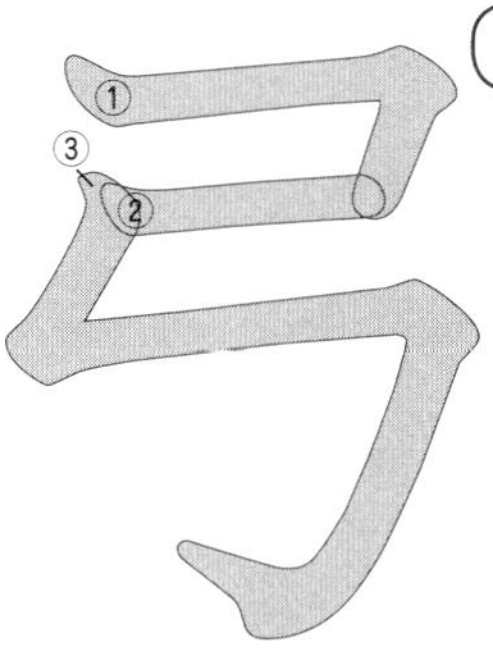

5年 張

2年 弓引弟弱強

書《か》き方《かた》

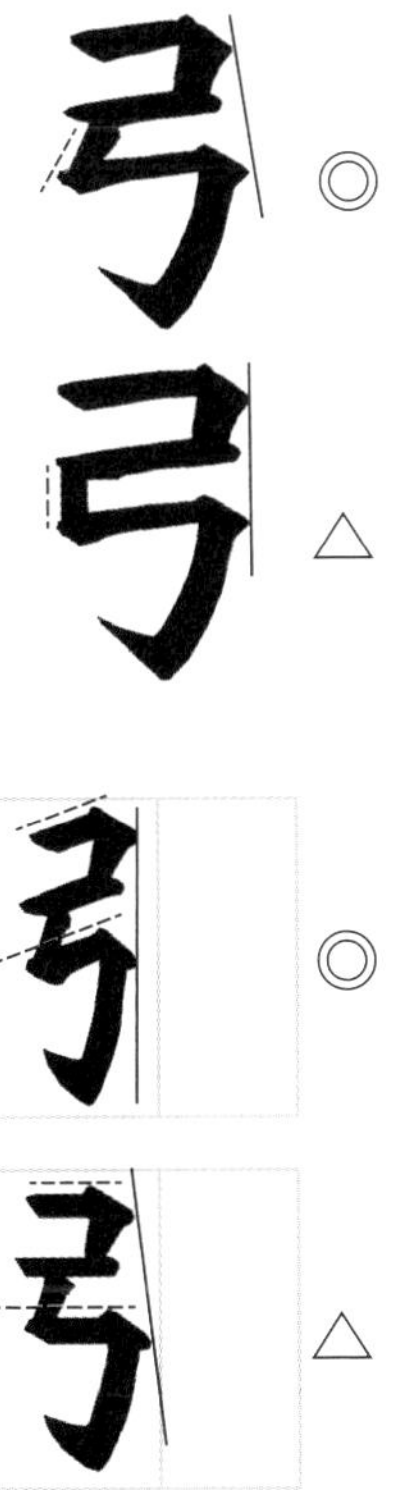

2年《ねん》

そのさむらいは、馬《うま》の上《うえ》で、弓《ゆみ》を引《ひ》きました。

弓弓弓

（キュウ）
ゆみ

弓

3画《かく》

引引引引

イン
ひく
ひける

引

4画《かく》

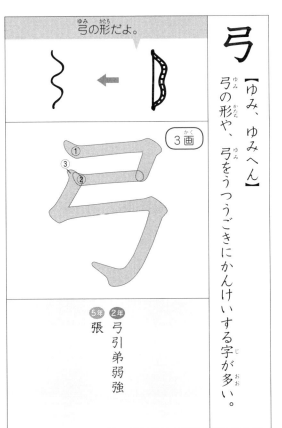

2年《ねん》

弟《おとうと》は、けんかは弱《よわ》いけれど、しょうぎは強《つよ》いです。

弟

(テイ) ダイ (デ)
おとうと

7画《かく》

弱

ジャク
よわい―よわる
よわまる
よわめる

10画《かく》

強

キョウ―(ゴウ)
つよい―つよまる
つよめる
(しいる)

11画《かく》

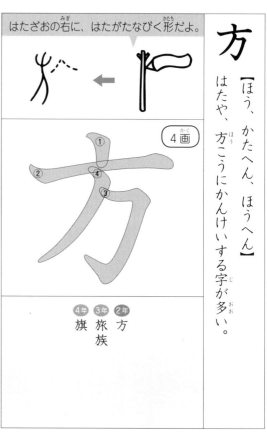

方

【ほう、かたへん、ほうへん】

はたや、方《ほう》こうにかんけいする字《じ》が多《おお》い。

はたざおの右《みぎ》に、はたがたなびく形《かたち》だよ。

4画《かく》

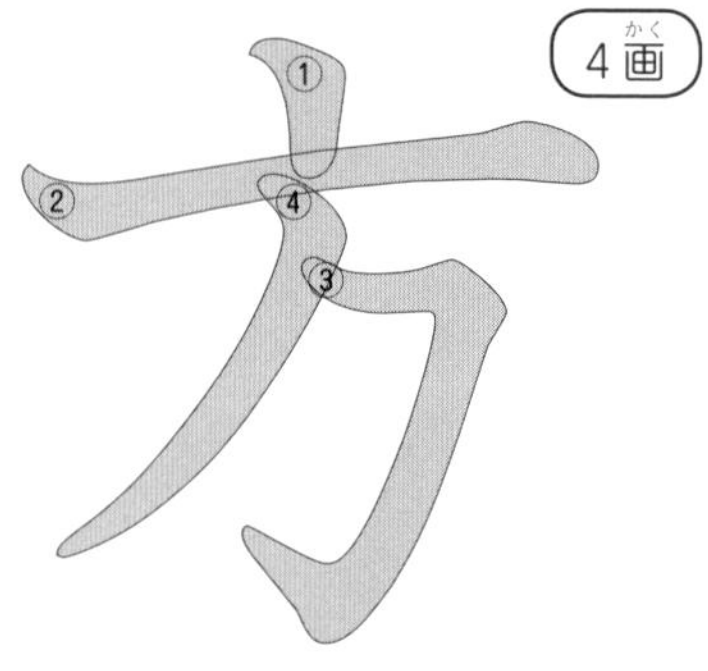

4年 旗
3年 旅 族
2年 方

書《か》き方《かた》

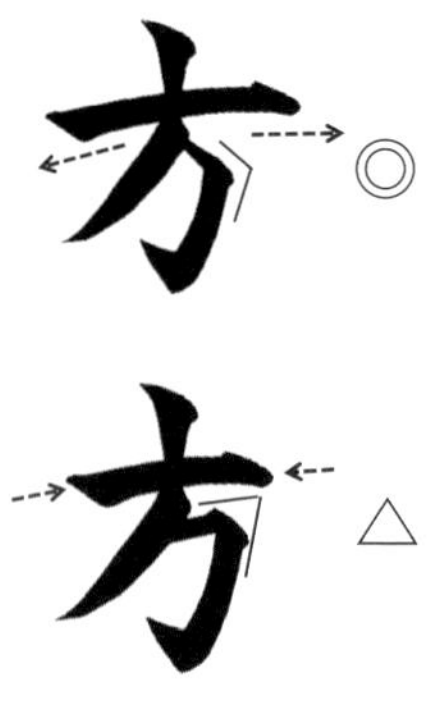

2年《ねん》

南《みなみ》の方角《ほうがく》に、三角形《さんかくけい》のはたがはためくのが見《み》えます。

ホウ
かた

方方方方

方

方

4画《かく》

矢

【や、やへん】

矢《や》にかんけいする字《じ》が多《おお》い。

矢《や》の形《かたち》だよ。

5画《かく》

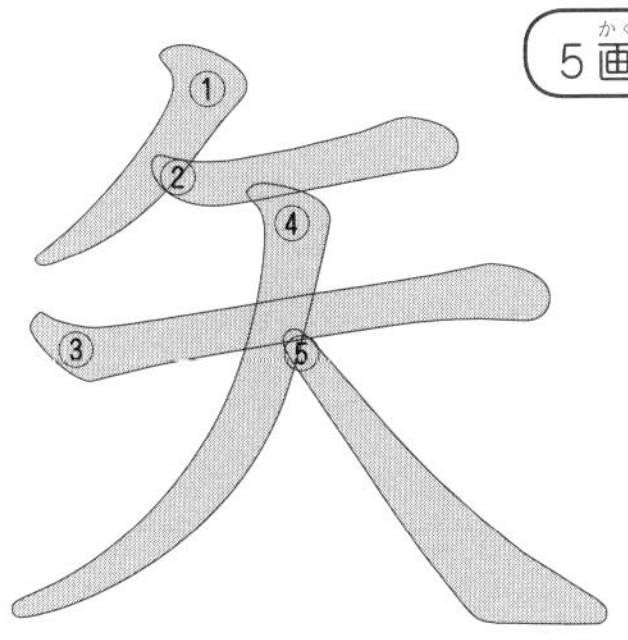

3年　短

2年　矢　知

書《か》き方《かた》

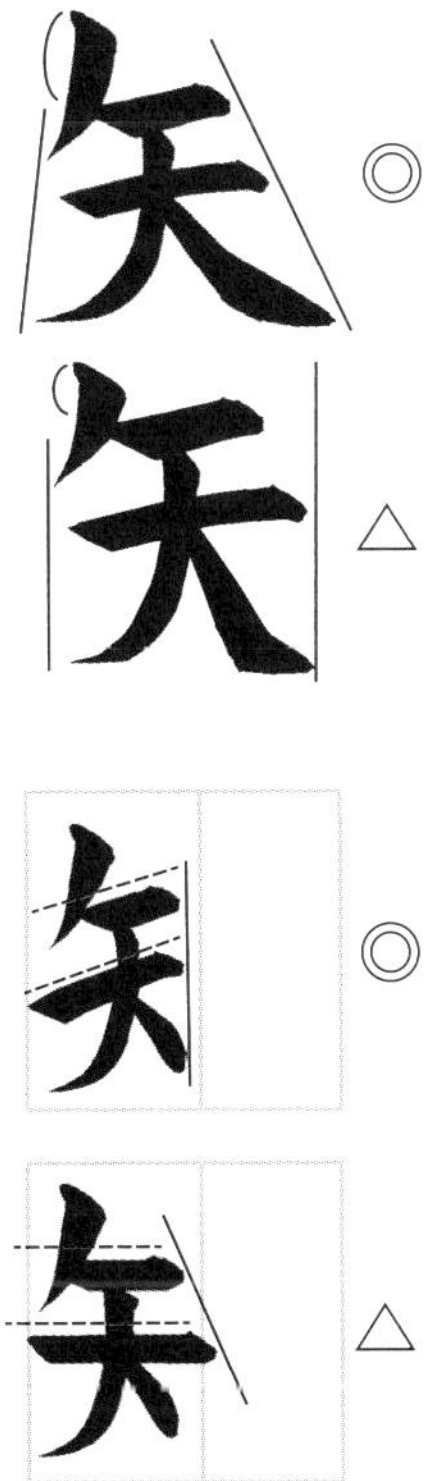

2年《ねん》

ウイリアム・テルという弓矢《ゆみや》の名人《めいじん》を知《し》っていますか。

（シ）
や

矢矢矢矢矢

矢

矢

5画《かく》

チ
しる

知知知知知知知知

知

知

8画《かく》

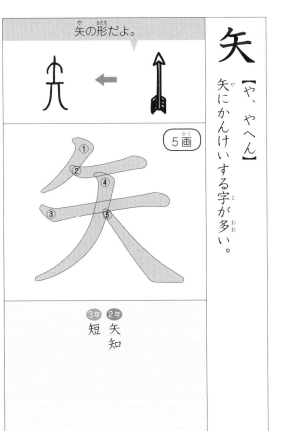

黄

【き】

もえる火《ひ》の色《いろ》から、黄色《きいろ》をあらわす。

火《ひ》のついた矢《や》の形《かたち》だよ。

11画《かく》

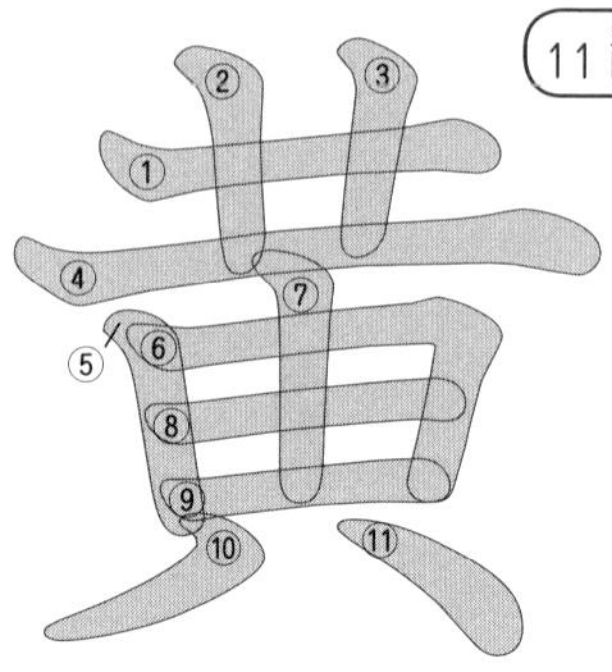

2年

黄

書《か》き方《かた》

黄 ◎

黄 △

2年《ねん》

ろうそくの火《ひ》は、黄色《きいろ》っぽい色《いろ》をしています。

(コウ)
オウ
き
(こ)

黄

11画《かく》

道《どう》ぐがもとになった部首《ぶしゅ》

凵

【うけばこ、かんにょう】

入《い》れものの形《かたち》や、そこから出《で》ることをあらわす字《じ》のなかま。

ものを入《い》れるうつわの形《かたち》だよ。

2画《かく》

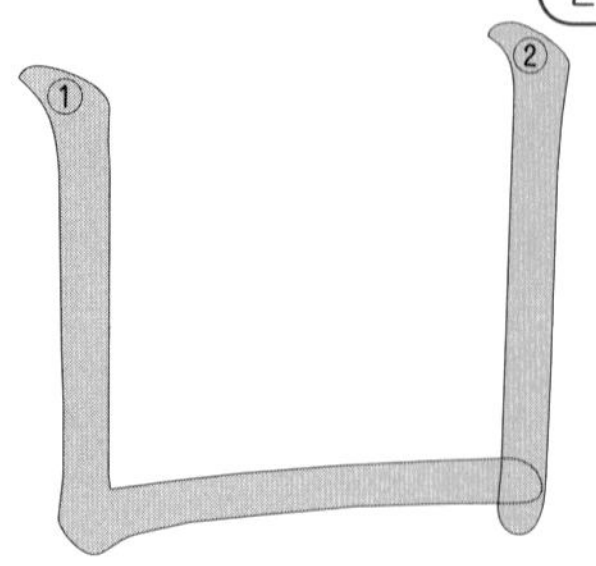

1年

出

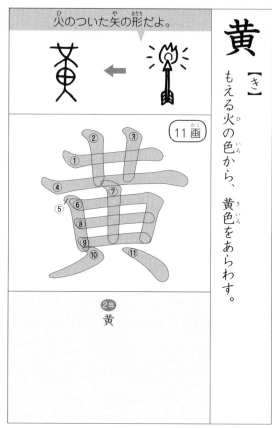

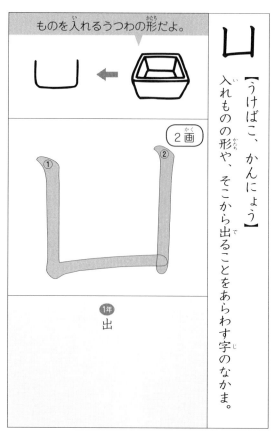

書《か》き方《かた》

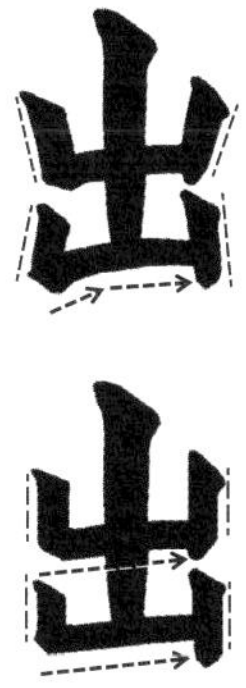

1年《ねん》

王《おう》さまに出《だ》すおしょくじを、きれいなうつわにもりつけます。

シュツ（スイ）
でる
だす

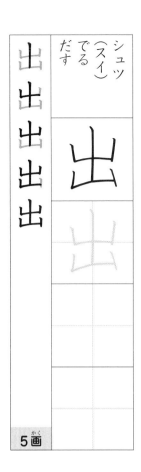

出 出 出 出 出

5画《かく》

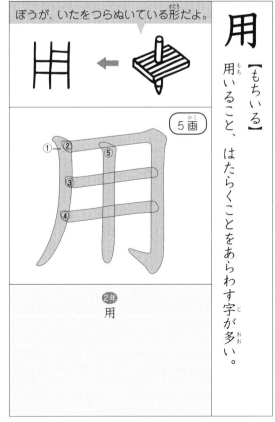

用

【もちいる】

用《もち》いること、はたらくことをあらわす字《じ》が多《おお》い。

ぼうが、いたをつらぬいている形《かたち》だよ。

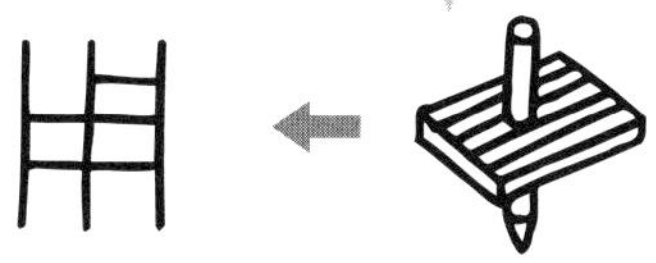

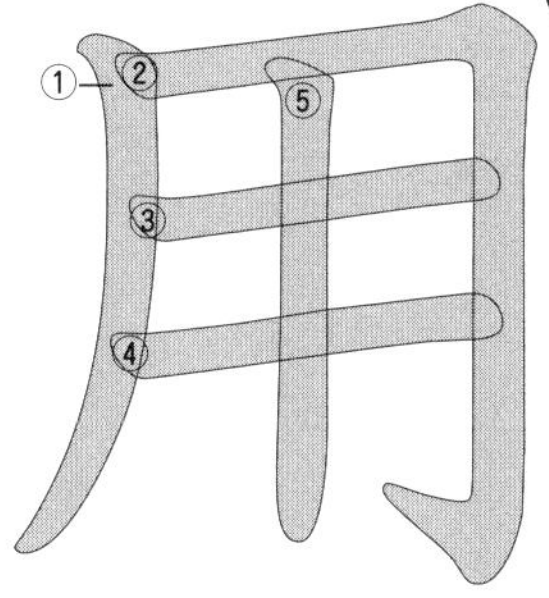

2年
用

書《か》き方《かた》

2年《ねん》

えんぴつやボールペンのことを「ひっき用《よう》ぐ」といいます。

用

ヨウ
もちいる

用 用 用 用 用

5画《かく》

西（襾）

【にし（かなめがしら）】おおいかぶせることをあらわす。「西」の形《かたち》をもつ字《じ》のなかま。

4年 要　2年 西

6画《かく》

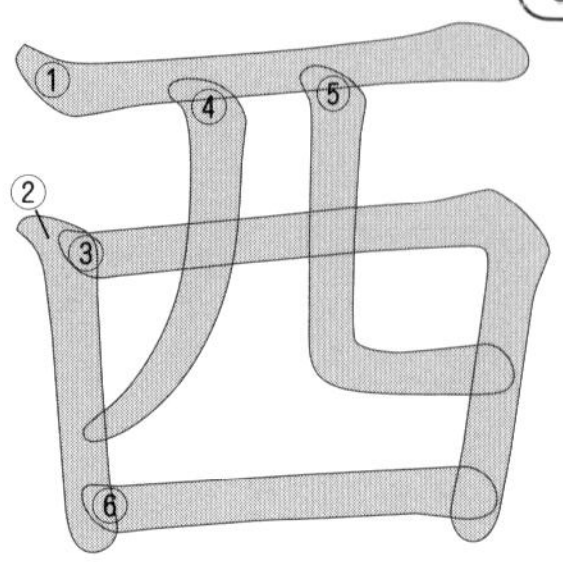

ざるやあみの形《かたち》だよ。

書《か》き方《かた》

2年《ねん》

西《にし》から雨《あま》雲《ぐも》がやってきたので、にもつにカバーをかけました。

西

セイ
サイ
にし

西 西 西 西 西 西

6画《かく》

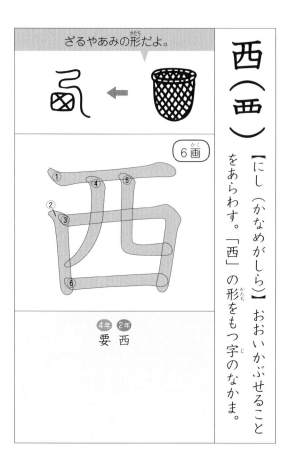

のうぐ

がもとになった部首《ぶしゅ》

工

【たくみ、たくみへん】

むずかしいしごとや、細工《さいく》にかんけいする字《じ》が多《おお》い。

2まいのいたを、ぼうがつらぬいている形《かたち》だよ。

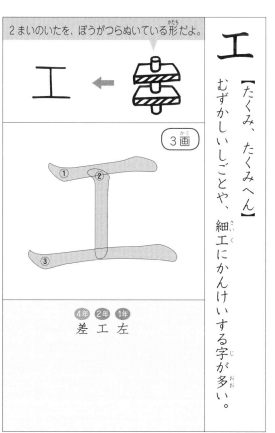

3画《かく》

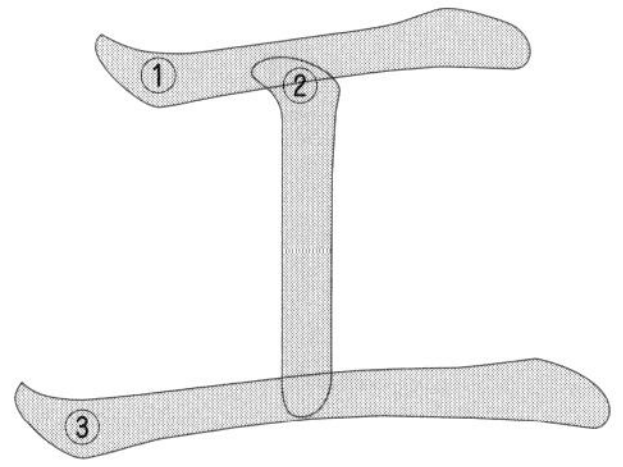

4年 差
2年 工
1年 左

書《か》き方《かた》

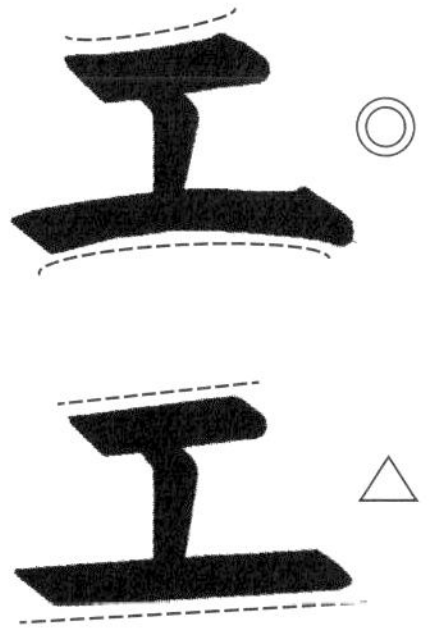

1年《ねん》

左手《ひだりて》でリンゴをもち、右手《みぎて》にもったナイフで、かわをむきます。

左

サ
ひだり

5画《かく》

左左左左

2年《ねん》

あつ紙《がみ》と絵《え》のぐをつかって、おもちゃの家《いえ》を工作《こうさく》しました。

工

コウ
ク

3画《かく》

工工工

斤

【おのづくり、きん】
切《き》ること、近《ちか》づけることにかんけいする字《じ》が多《おお》い。

おので切《き》ろうとしているようすだよ。

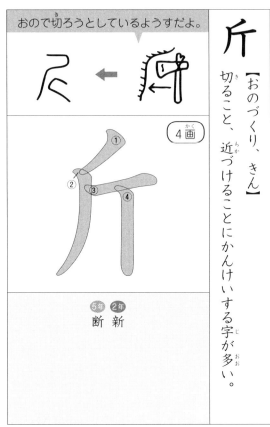

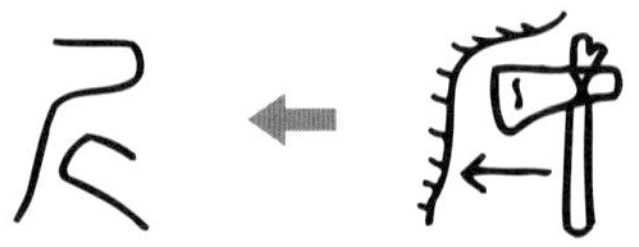

4画《かく》

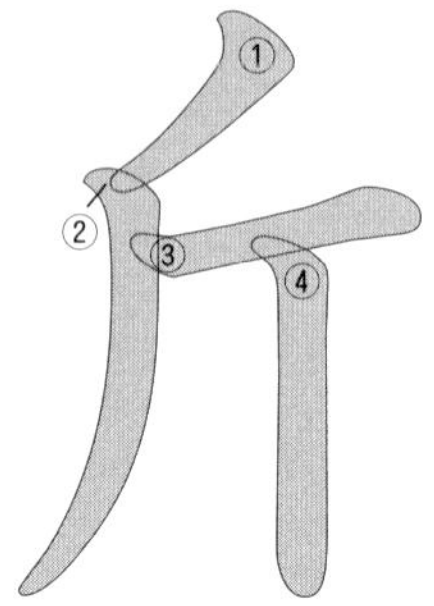

5年 断
2年 新

書《か》き方《かた》

斤 ◎

斤 △

2年《ねん》

新《あたら》しいナイフで、ケーキを
切《き》り分《わ》けました。

新

シン
あたらしい
あらた
にい

新

13画《かく》

しんぐ＊ がもとになった部首《ぶしゅ》

＊しんぐ（神具）……かみさまにおそなえする、うつわなどの道《どう》ぐのこと。

示（ネ）

【しめす（しめすへん）】
かみさまや、まつりにかんけいする字《じ》が多《おお》い。

かみさまへのおそなえをおく台《だい》の形《かたち》だよ。

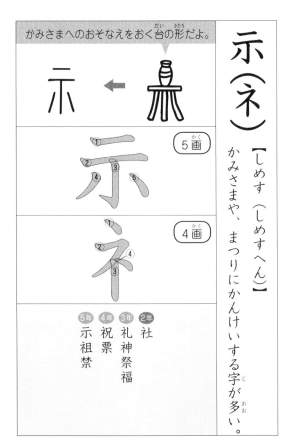

5画《かく》

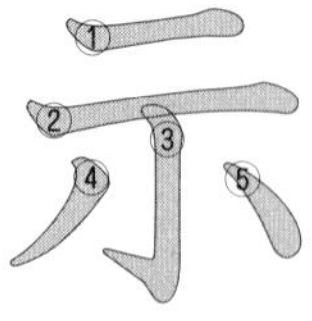

4画《かく》

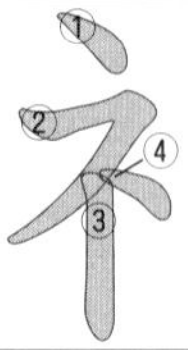

2年 社
3年 礼 神 祭 福
4年 祝 票
5年 示 祖 禁

書《か》き方《かた》

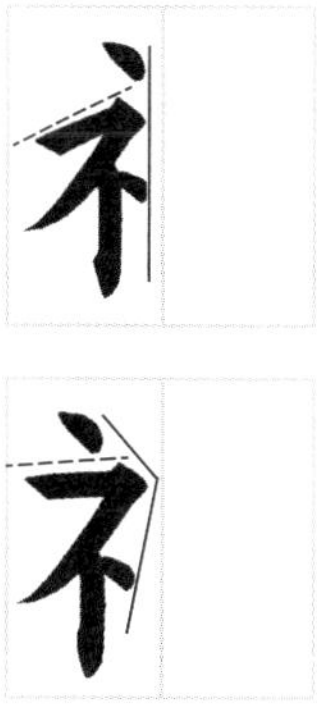

◎

△

2年《ねん》

近《ちか》くのじん社《じゃ》のおまつりで、おみこしをかつぎます。

シャ
やしろ

社

7画《かく》

玉（王）

【たま（おうへん）】

うつくしい石《いし》（玉《ぎょく》）にかんけいする字《じ》が多《おお》い。

ほう石《せき》を３つ、ひもでつないだ形《かたち》だよ。

5画《かく》

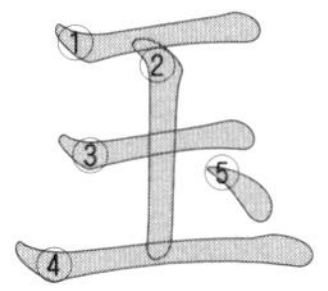

4画《かく》

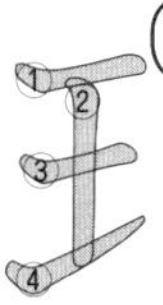

4画《かく》

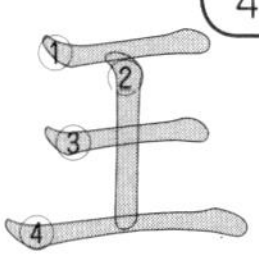

1年	2年	3年	5年	6年
王 玉	理	球	現	班

書《か》き方《かた》

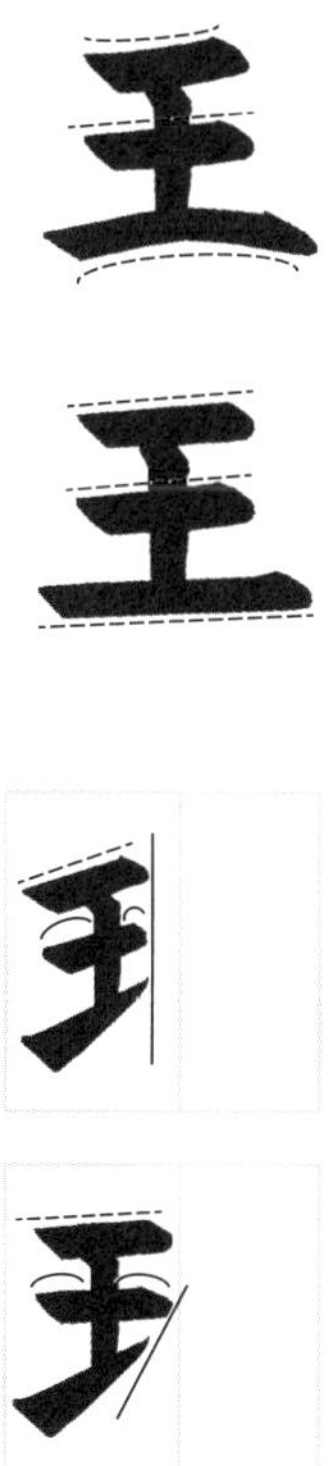

◎

△

◎

△

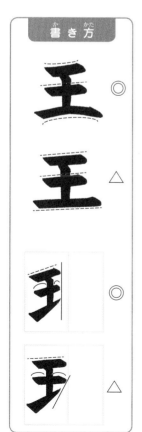

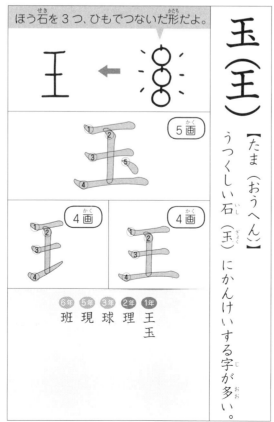

1年《ねん》

王《おう》さまは、めずらしいほう石《せき》でできた玉《たま》を、もっています。

王

オウ

4画《かく》

王王王王

玉

ギョク
たま

5画《かく》

玉玉玉玉玉

2年《ねん》

理科《りか》の先生《せんせい》に、川《かわ》でひろったきれいな石《いし》を見《み》てもらいました。

理

リ

11画《かく》

理理理理理理理理理理理

ぬの

がもとになった部首《ぶしゅ》

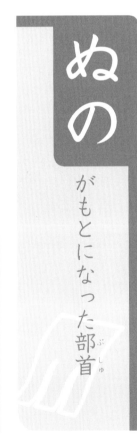

巾

【はば、はばへん、きんべん】

ぬのや、おりものにかんけいする字《じ》が多《おお》い。

たれ下《さ》がったぬのの形《かたち》だよ。

3画《かく》

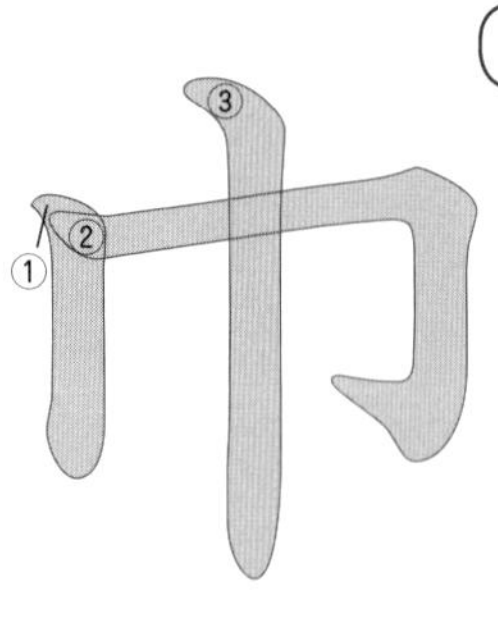

2年 市 帰

3年 帳

4年 希 席 帯

5年 布 師 常

6年 幕

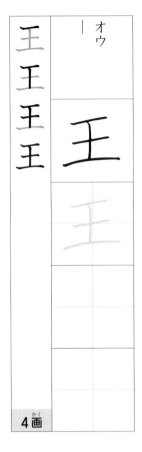

書《か》き方《かた》

2年《ねん》

市《いち》場《ば》で、きれいなぬのを買《か》って帰《かえ》ってきました。

市

シ
いち

5画《かく》

帰

キ
かえる
かえす

10画《かく》

糸

【いと、いとへん】

糸《いと》やおりものにかんけいする字《じ》が多《おお》い。

糸《いと》をより合《あ》わせた形《かたち》だよ。

6画《かく》

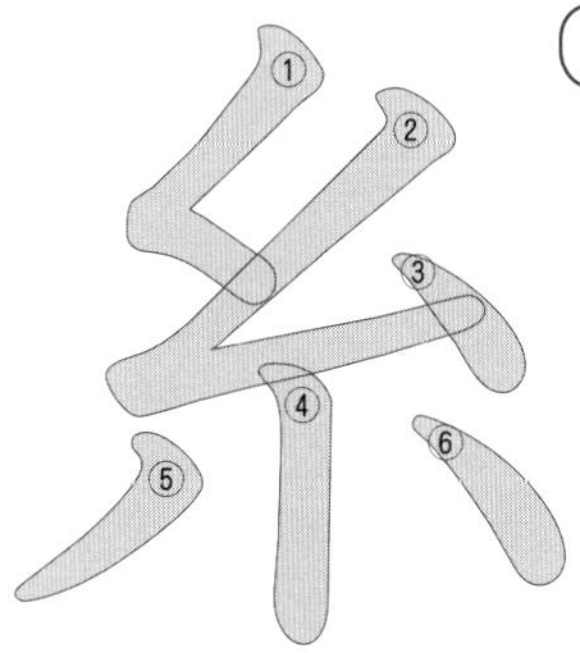

1年: 糸

2年: 紙 細 組 絵 線

3年: 級 終 緑 練

4年: 約 給 結 続 縄

5年: 紀 素 経 絶 統 総 綿 編 績 織

6年: 系 紅 純 納 絹 縦 縮

書《か》き方《かた》

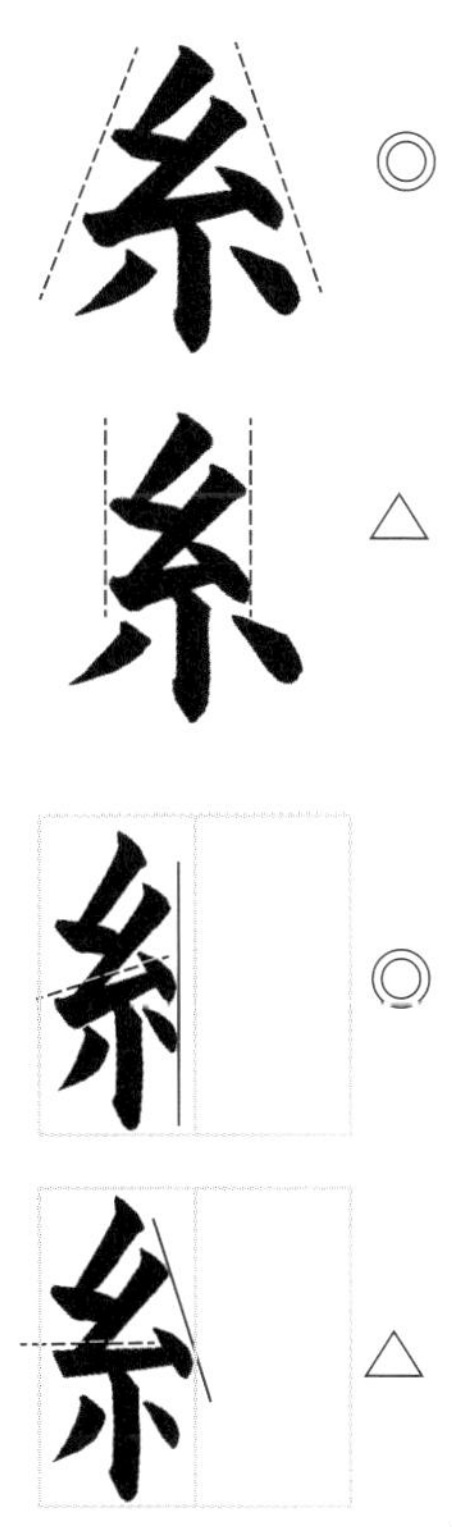

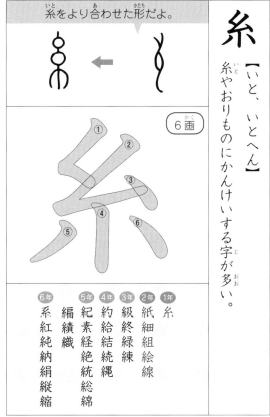

1年《ねん》

赤《あか》と青《あお》の糸《いと》で、白《しろ》いハンカチにししゅうをしました。

糸

シ
いと

糸糸糸糸糸糸

6画《かく》

2年《ねん》

紙《かみ》は、むかし、ぬののくずや木《き》のかわから作《つく》られていました。

紙

シ
かみ

紙紙紙紙紙

10画《かく》

2年《ねん》

毛《け》糸《いと》玉《だま》であそぶネコの絵《え》を、細《ほそ》い線《せん》で、かきました。

絵

カイ
エ

絵絵絵絵絵絵絵

12画《かく》

細

サイ
ほそい―ほそる
こまか
こまかい

細細細細細細

11画《かく》

線

セン

線線線線線線

15画《かく》

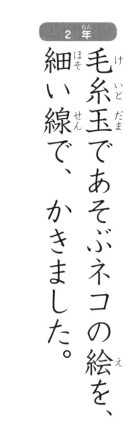

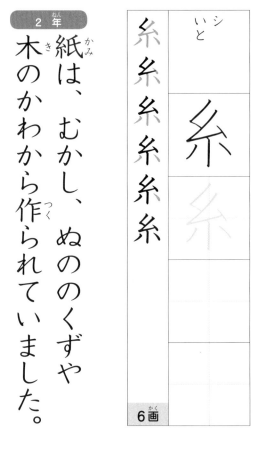

2年《ねん》

すきな色《いろ》の糸《いと》を組《く》みあわせて、かざりひもを作《つく》ります。

組

ソ
くむ
くみ

11画《かく》

組 組 組 組 組 組

のりもの

部《ぶ》首《しゅ》がもとになった

舟

【ふね、ふねへん】

船《ふね》や、船《ふね》のうごきにかんけいする字《じ》が多《おお》い。

木《き》をくりぬいて作《つく》った、小《ちい》さな船《ふね》の形《かたち》だよ。

6画《かく》

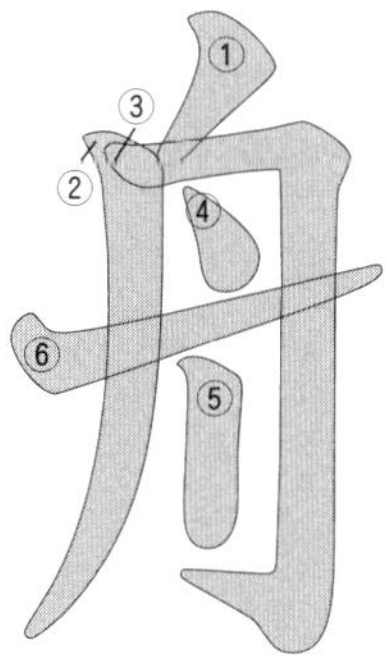

5年 航
2年 船

書《か》き方《かた》

◎

△

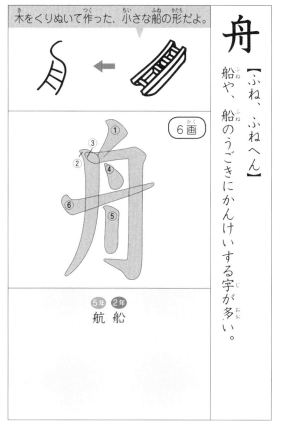

2年《ねん》

船《ふね》の上《うえ》で、海《かい》ぞくと船《せん》長《ちょう》がたたかっています。

船

セン
ふね
ふな

船 船 船 船 船 船 船

11画《かく》

車

【くるま、くるまへん】

車《くるま》や、車《くるま》のうごきにかんけいする字《じ》が多《おお》い。

一《いち》りん車《しゃ》の形《かたち》だよ。

7画《かく》

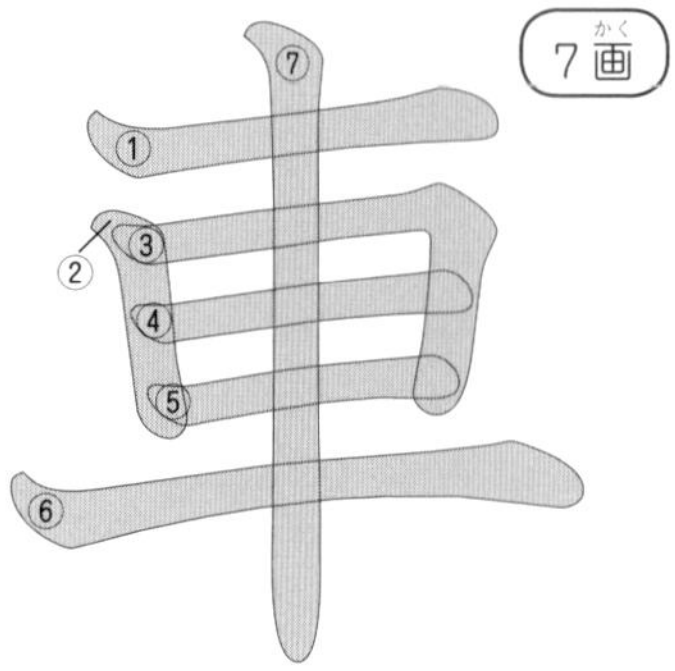

5年 輸

4年 軍 輪

3年 転 軽

1年 車

書《か》き方《かた》

1年《ねん》

車《くるま》に、にもつをつんで、りょこうに出《で》かけます。

車

シャ
くるま

車 車 車 車 車 車 車

7画《かく》

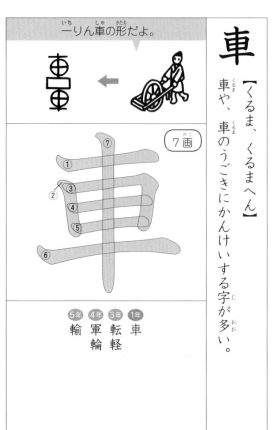

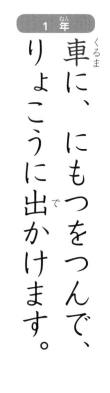

そのほか

の部《ぶ》首《しゅ》

丨 たてぼう
十 じゅう
八 はち、はちがしら
入 いる、いりがしら

うごく形《かたち》
p.106

彡 さんづくり
文 ぶん、ぶんにょう

もよう
p.110

一 いち
乙（乚） おつ（おつにょう）
丶 てん
亠 なべぶた、けいさんかんむり
二 に
小（⺌） しょう

見《み》た形《かたち》
p.111

うごく形《かたち》がもとになった部首《ぶしゅ》

丨【たてぼう】

「丨」の形《かたち》をもつ字《じ》のなかま。

上《うえ》から下《した》につき通《とお》した形《かたち》だよ。

1画《かく》

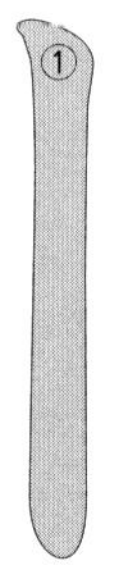

1年

中

書《か》き方《かた》

◎

△

1年《ねん》

くしにさした三《みっ》つのおだんごの、二《ふた》つは白《しろ》、まん中《なか》はピンクです。

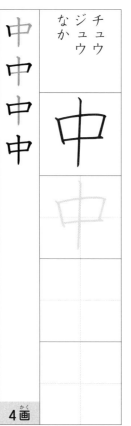

チュウ
ジュウ
なか

中

中中中中

4画《かく》

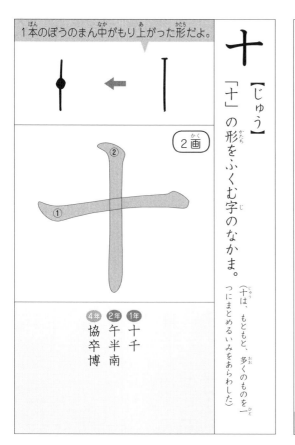

十【じゅう】

「十」の形《かたち》をふくむ字《じ》のなかま。

(十《じゅう》は、もともと、多《おお》くのものを一《ひと》つにまとめるいみをあらわした)

1本《ぽん》のぼうのまん中《なか》がもり上《あ》がった形《かたち》だよ。

2画《かく》

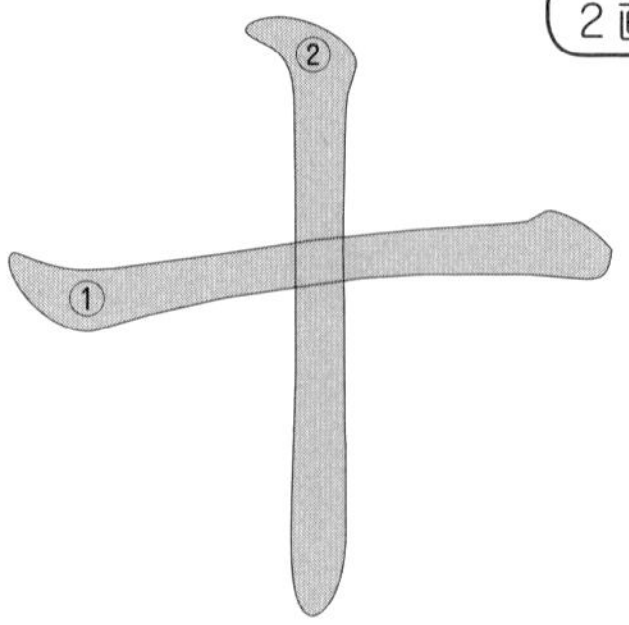

1年 十 千

2年 午 半 南

4年 協 卒 博

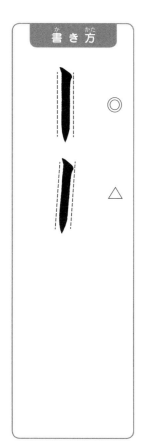

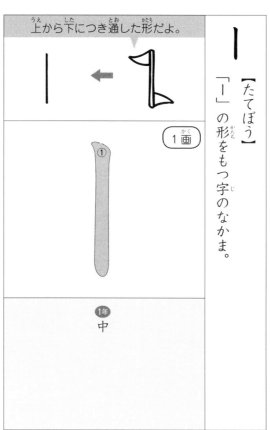

書《か》き方《かた》

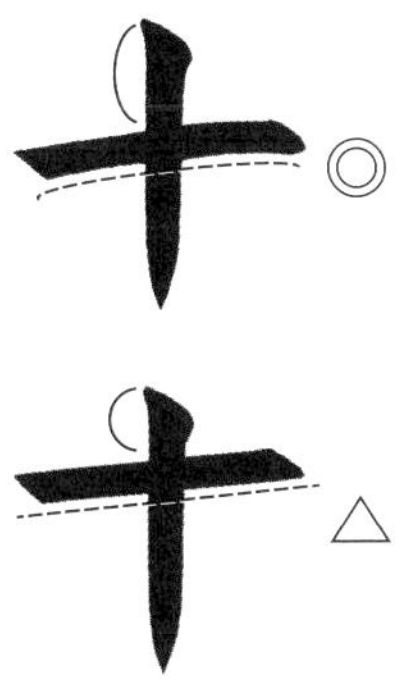

1年《ねん》

十《じゅう》円《えん》玉《だま》を、百《ひゃっ》こあつめたら、千《せん》円《えん》になります。

十

ジュウ
ジッ
とお
と

十 十

2画《かく》

千

セン
ち

千 千 千

3画《かく》

2年《ねん》

日《にち》ようは、午《ご》前《ぜん》中《ちゅう》にしゅくだいをぜんぶおえてから、あそぼう。

午

ゴ

午 午 午 午

4画《かく》

2年《ねん》

たくさんやいたクッキーのうち、半《はん》分《ぶん》を友《とも》だちにあげました。

半

ハン
なかば

半 半 半 半 半

5画《かく》

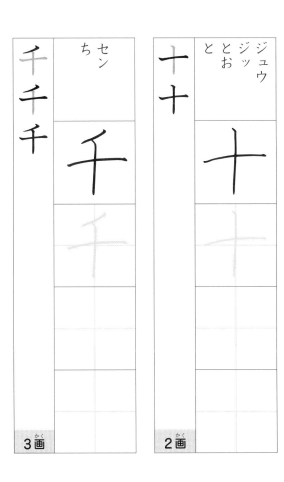

2年《ねん》

南《みなみ》のしまの海《うみ》には、たくさんのきれいな魚《さかな》があつまります。

南

ナン
（ナ）
みなみ

9画《かく》

八

【はち、はちがしら】

分《わ》けることにかんけいする字《じ》が多《おお》い。

左右《さゆう》に分《わ》かれていく形《かたち》だよ。

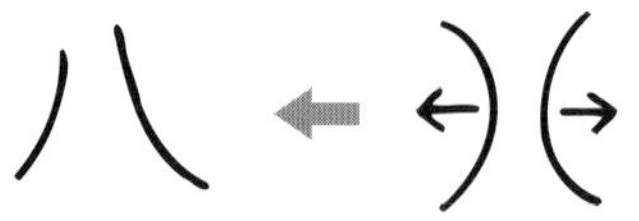

2画《かく》

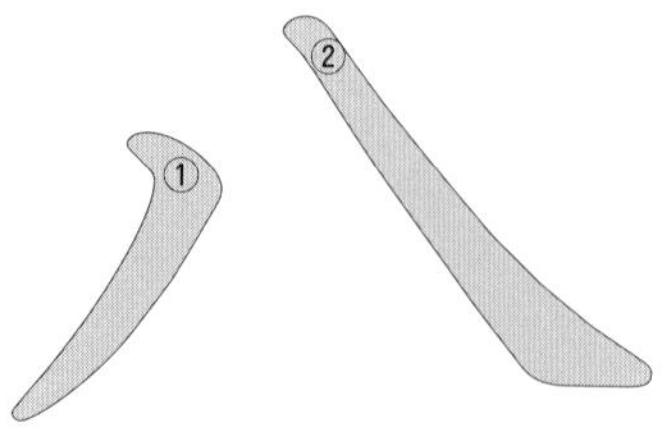

1年 八 六

2年 公

3年 具

4年 共 兵 典

書《か》き方《かた》

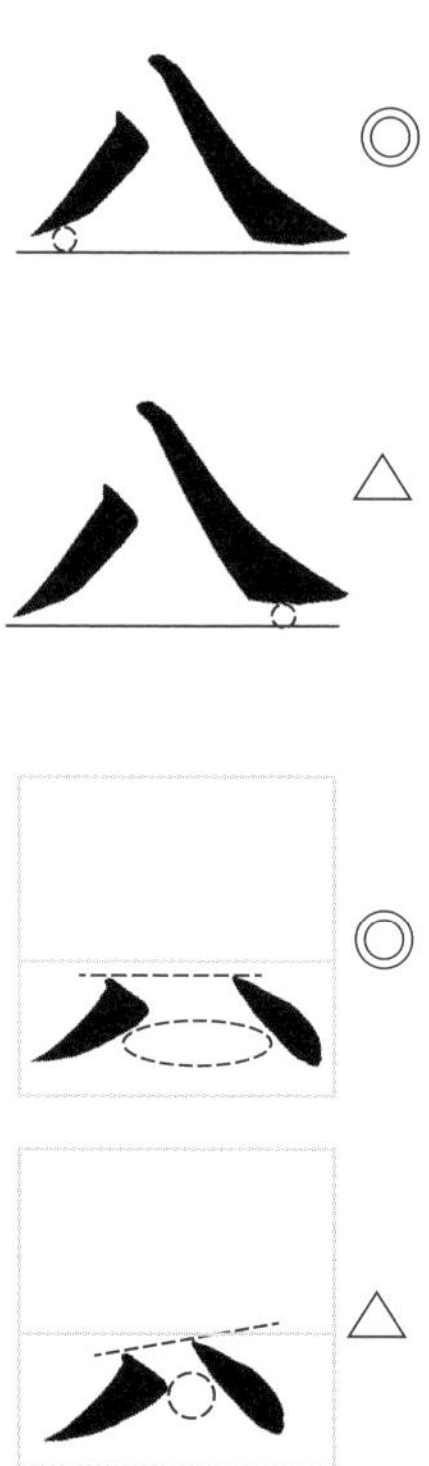

1年《ねん》

八《はち》人《にん》のゆうしゃが、六《ろく》人《にん》と二人《ふたり》にわかれて、たびに出《で》ました。

八

ハチ
や―やっつ
やっつ
よう

2画《かく》

六

ロク
む―むっつ
むっつ
むい

4画《かく》

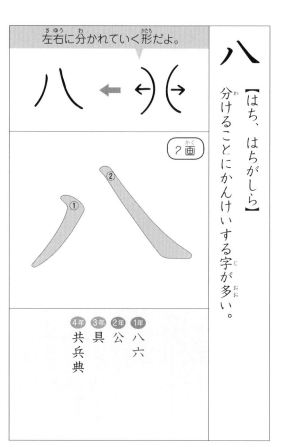

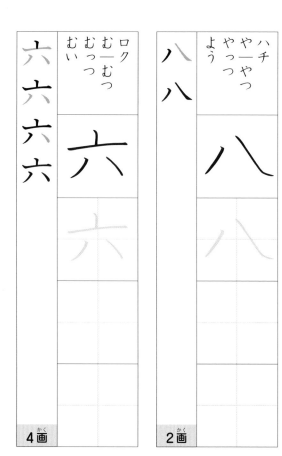

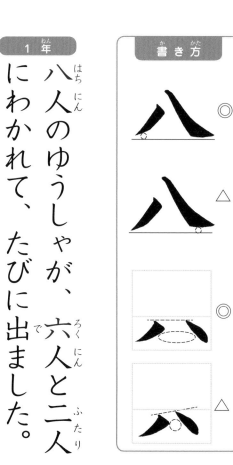

2年《ねん》

ここにあるおかしを、みんなに公《こう》へいに、くばってください。

公

コウ
（おおやけ）

公

4画《かく》

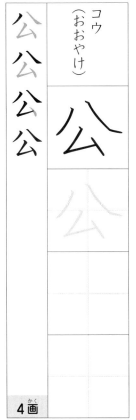

公公公公

入

【いる、いりがしら】

中《なか》へ入《はい》ることをあらわす。

2つにひらいた形《かたち》（または、矢《や》じるし）だよ。

2画《かく》

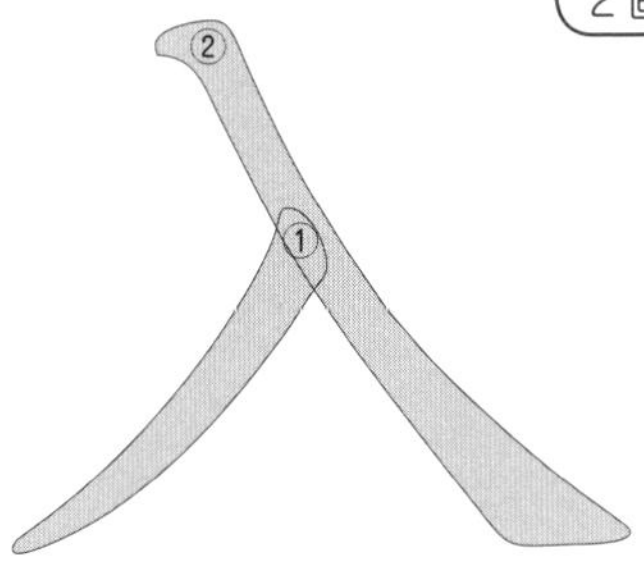

1年

入

書《か》き方《かた》

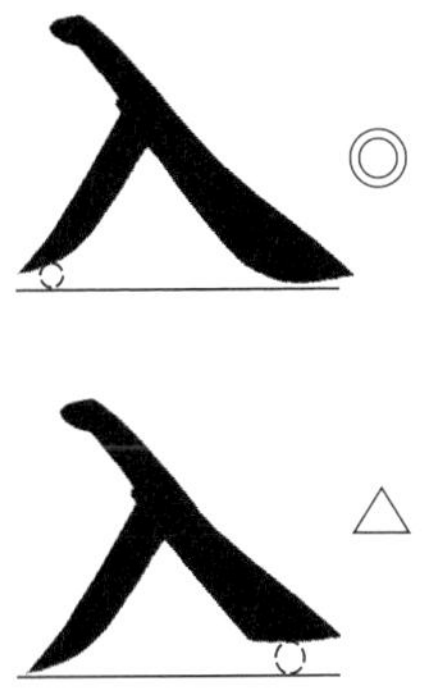

1年《ねん》

とびらをあけて、パーティのかいじょうに入《はい》りました。

入

ニュウ
いる
いれる
はいる

入

2画《かく》

入入

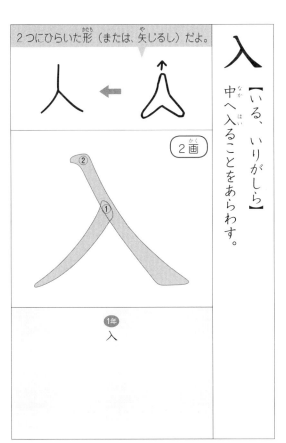

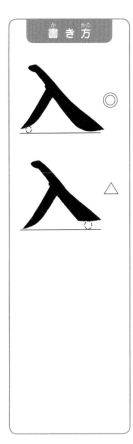

もよう がもとになった部首《ぶしゅ》

彡

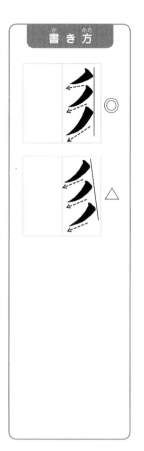

【さんづくり】

もようやかざり、色《いろ》どりにかんけいする字《じ》が多《おお》い。

3本《ぼん》の毛《け》がそろっているようすだよ。

3画《かく》

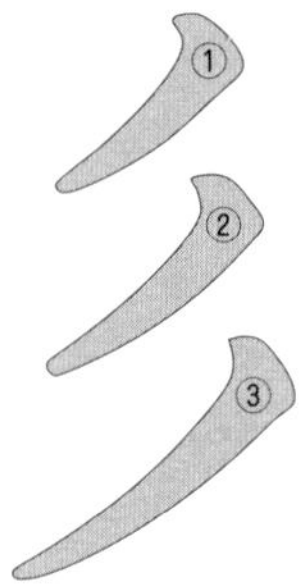

2年 形

書《か》き方《かた》

◎

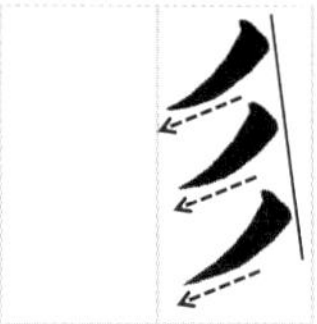

△

2年《ねん》

おり紙《がみ》を、星《ほし》の形《かたち》に切《き》りぬいて、かざりつけました。

ケイ
ギョウ
かた
かたち

形

形形形形形形形

7画《かく》

文

【ぶん、ぶんにょう】

線《せん》が交《まじ》わった形《かたち》、もようをあらわす。

土《ど》きにつけた、もようだよ。

4画《かく》

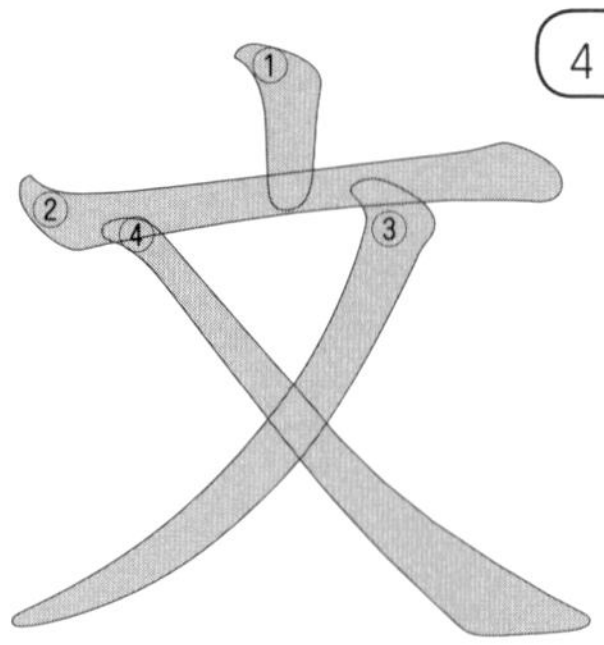

1年 文

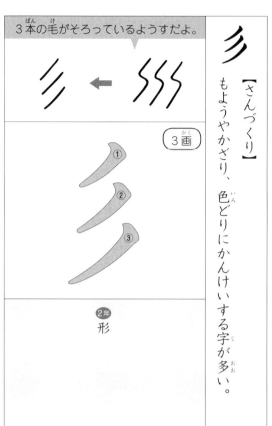

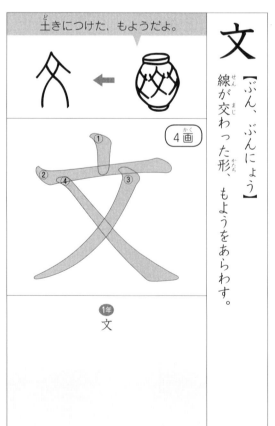

書《か》き方《かた》

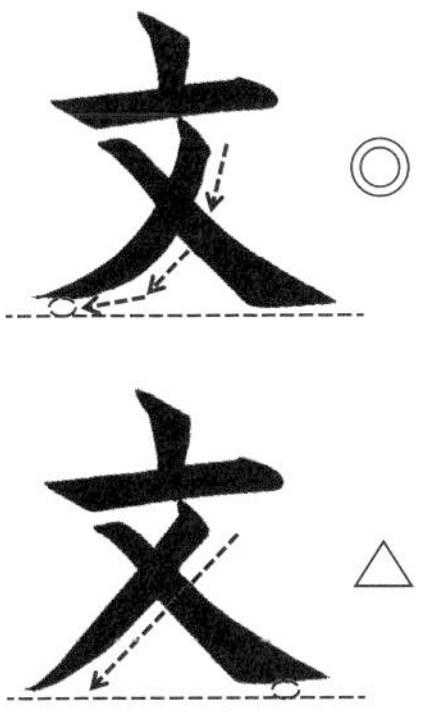

1年《ねん》

大《おお》むかしの人《ひと》がつかった土《ど》きのことを、さく文《ぶん》にかきました。

ブン モン （ふみ）	文 文 文 文
文	
4画《かく》	

見《み》た形《かたち》がもとになった部首《ぶしゅ》

一

【いち】

「一」の形《かたち》をもつ字《じ》のなかま。

1本《ぽん》のよこぼうだよ。

一

1画《かく》

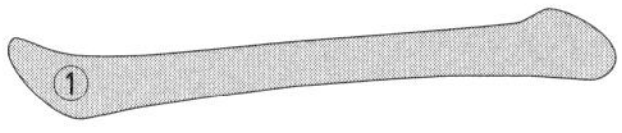

1年　一　七　下　三　上

2年　万

3年　丁　世　両

4年　不

6年　並

書《か》き方《かた》

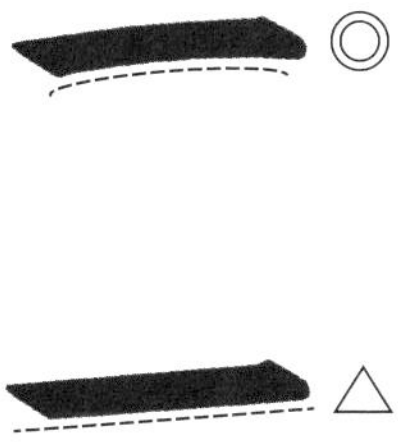

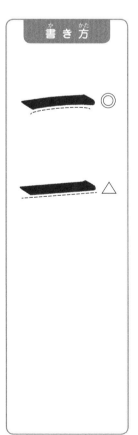

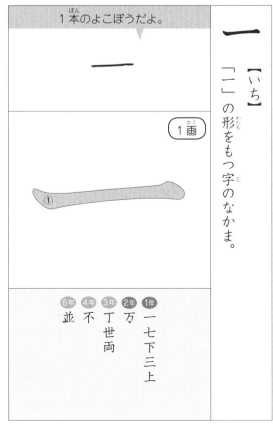

1年《ねん》

わたしは七《なな》さいで、おとうとより一《いっ》さい年《とし》上《うえ》です。

七

シチ
なな
ななつ
なの

2画《かく》

一

イチ
イツ
ひと
ひとつ

1画《かく》

上

ジョウ―(ショウ)
うえ―うわ
かみ―あげる
あがる―のぼる
(のぼせる)
(のぼす)

3画《かく》

1年《ねん》

三《さん》人《にん》のおひめさまが、大《おお》きな木《き》の下《した》でおどっています。

三

サン
み
みつ
みっつ

3画《かく》

下

カ―ゲ
した―しも―(もと)
さげる―さがる
くだる―くだす
くださる―おろす
おりる

3画《かく》

2年《ねん》

百《ひゃく》万《まん》円《えん》あったら、何《なに》を買《か》おうかな。

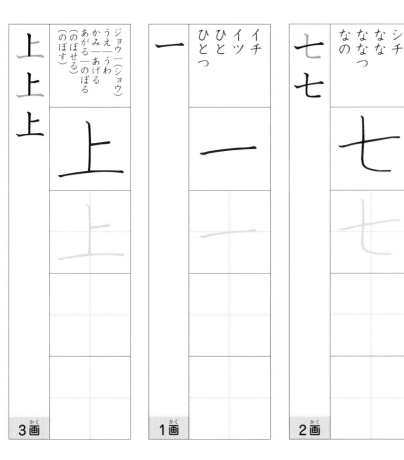

万

マン（バン）

3画《かく》

乙（乚）

【おつ（おつにょう）】

「乙」「乚」の形《かたち》をもつ字《じ》のなかま。

のびているものがつかえて、止《と》まるようすだよ。

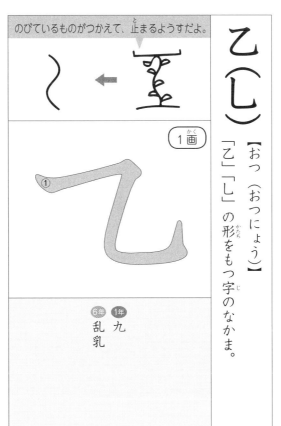

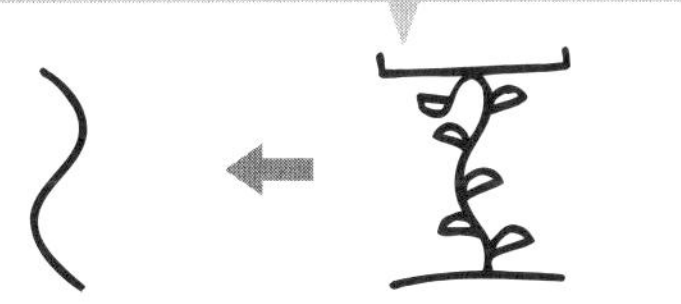

1画《かく》

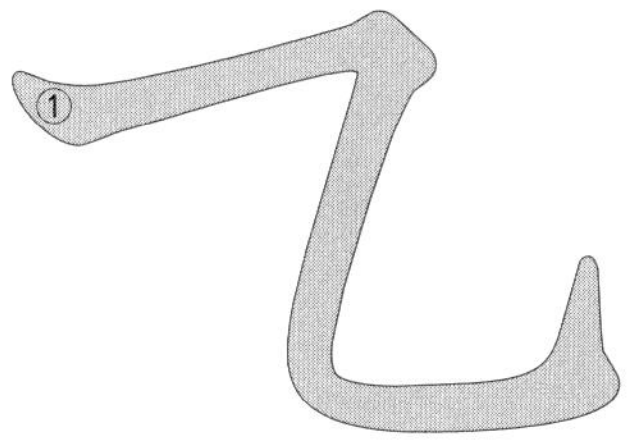

6年 乱 乳

1年 九

書《か》き方《かた》

◎ △

1年《ねん》

けさは、九《く》じまで、のびすぎたにわのざっ草《そう》をとっていました。

九

キュウ

ク

ここの

ここのつ

2画《かく》

丶

【てん】

「丶」の形《かたち》をもつ字《じ》のなかま。

ろうそくの火《ひ》がじっともえているようすだよ。

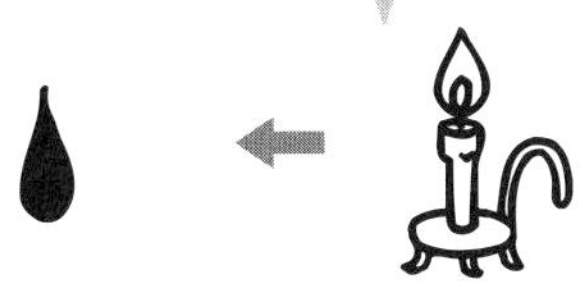

1画《かく》

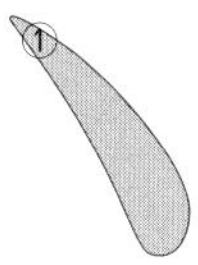

3年 主

2年 丸

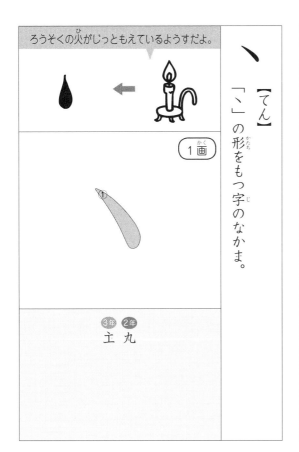

書《か》き方《かた》

◎

△

2年《ねん》

丸《まる》いケーキの上《うえ》に、かわいいろうそくを立《た》て、火《ひ》をつけます。

ガン
まる
まるい
まるめる

丸 丸 丸

丸

丸

3画《かく》

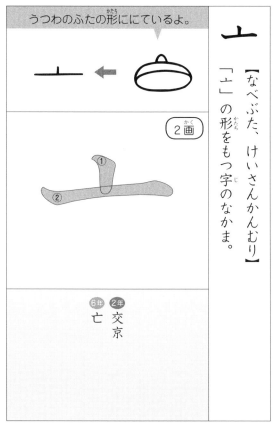

亠

【なべぶた、けいさんかんむり】

「亠」の形《かたち》をもつ字《じ》のなかま。

うつわのふたの形《かたち》ににているよ。

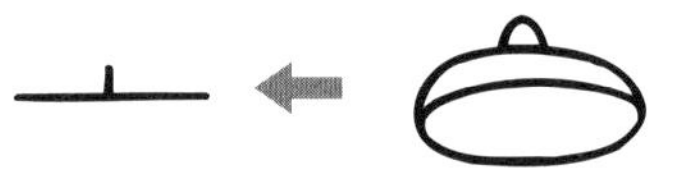

2画《かく》

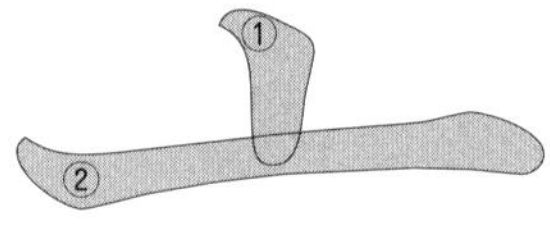

6年 亡

2年 交 京

書《か》き方《かた》

◎

△

2年《ねん》

東京《とうきょう》で、外国《がいこく》の人《ひと》と食《しょく》じをし、しゃしんを交《こう》かんしました。

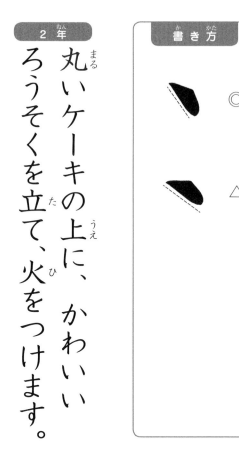

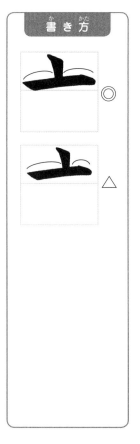

キョウ（ケイ）
—

京

8画《かく》

京京京京京京京

コウ—まじわる まじえる—まじる まざる—まぜる（かう・かわす）

交

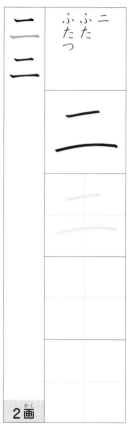

6画《かく》

交交交交交交

二【に】

「二」の形《かたち》をふくむ字《じ》のなかま。

2本《ほん》のよこぼうがならんでいるよ。

二

2画《かく》

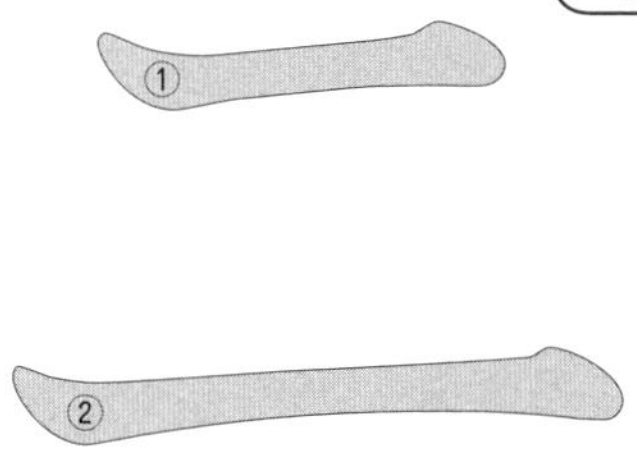

1年: 二 五

4年: 井

書《か》き方《かた》

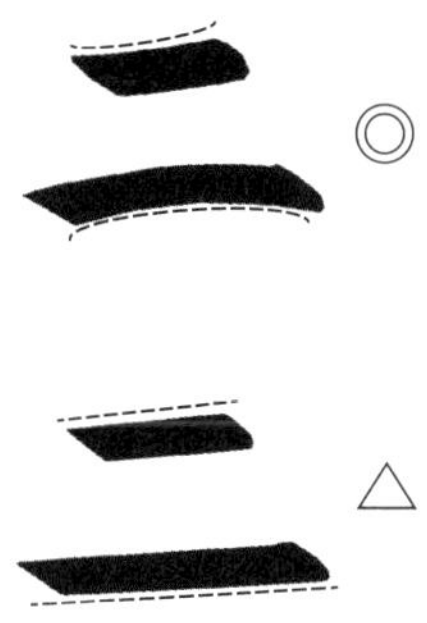

1年《ねん》

五《いつ》つのクッキーと、二《に》このケーキがあります。

ゴ
いつ
いつつ

五

4画《かく》

五五五五

ニ
ふた
ふたつ

二

2画《かく》

二二

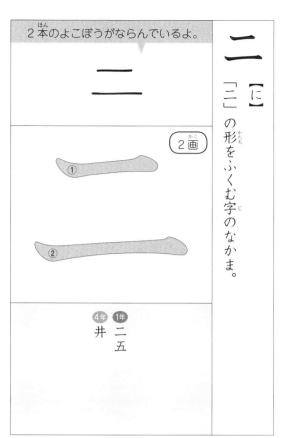

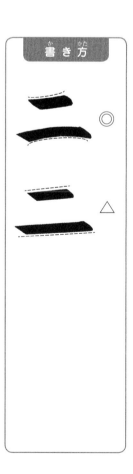

小(〃)【しょう】

小《ちい》さい、少《すく》ないなどのいみをもつ字《じ》が多《おお》い。

とても小《ちい》さな３つの点《てん》をあらわしているよ。

３画《かく》

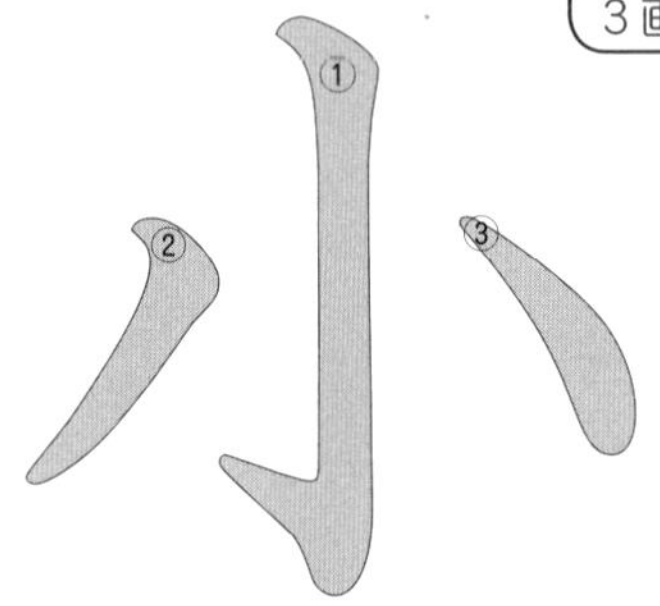

1年 小

2年 少 当

書《か》き方《かた》

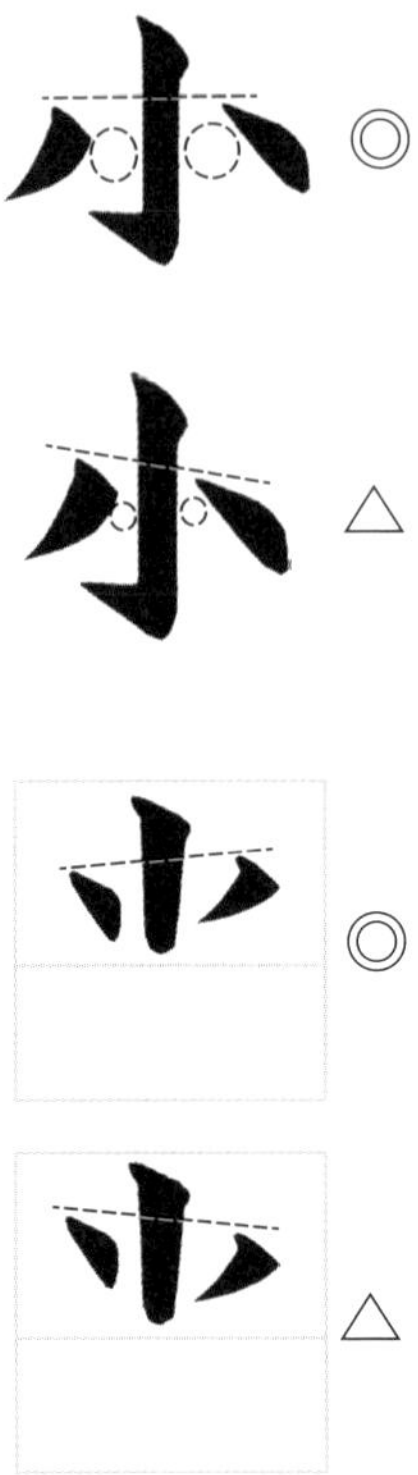

1年《ねん》

小《ちい》さな虫《むし》を、虫《むし》めがねで見《み》たら、とてもきれいでした。

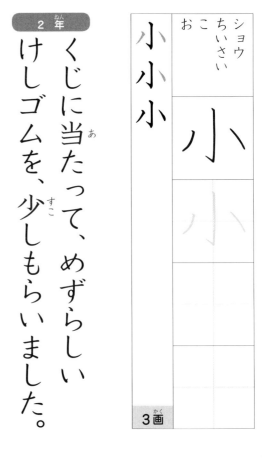

小

ショウ

ちいさい

こ

お

小 小 小

3画《かく》

2年《ねん》

くじに当《あ》たって、めずらしいけしゴムを、少《すこ》しもらいました。

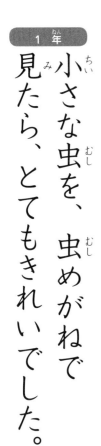

当

トウ

あたる

あてる

当 当 当 当 当 当

6画《かく》

少

ショウ

すくない

すこし

少 少 少 少

4画《かく》

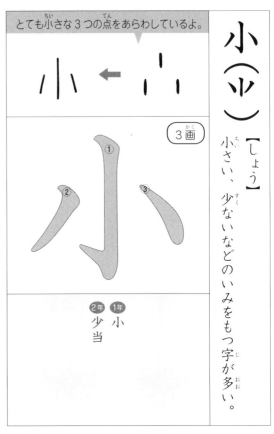

かん字《じ》のれんしゅうをしよう！

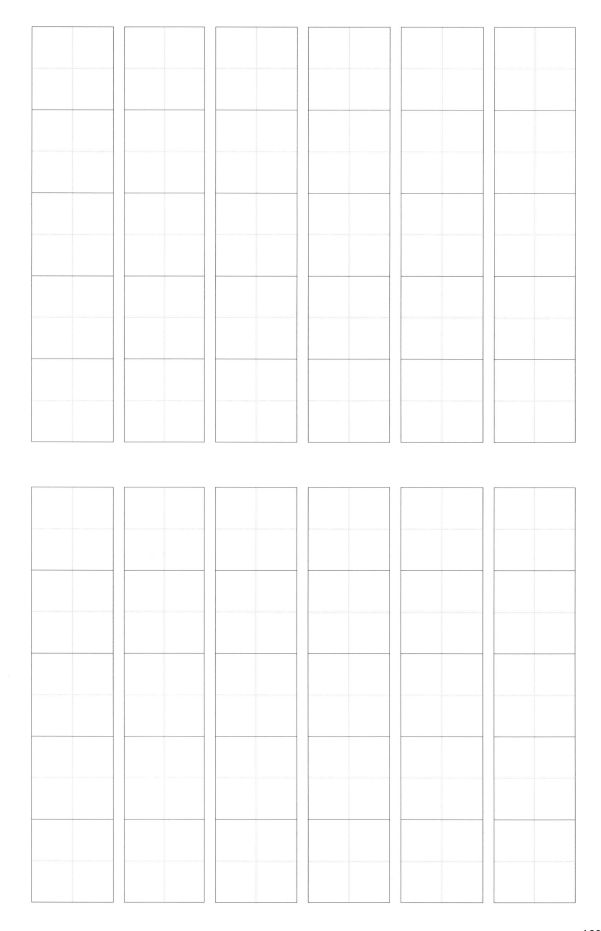

さくいん

- 1年生《ねんせい》、2年生《ねんせい》で学《まな》ぶかん字《じ》のすべての読《よ》みを五十《ごじゅう》音《おん》じゅんにならべ、そのかん字《じ》をしめしました。
- 同《おな》じ読《よ》みのかん字《じ》は、この本《ほん》に出《で》てくるページのじゅんにならんでいます。
- 上《うえ》から、「読《よ》み」「ならう学年《がくねん》（○数字《すうじ》）」「かん字《じ》」「この本《ほん》のページ数《すう》」をあらわします。
- かたかなは音読《おんよ》み、ひらがなは訓読《くんよ》みで、赤《あか》い字《じ》はおくりがなです。
- ＊のついている読《よ》みは、小学校《しょうがっこう》でならいません。

あ

あいだ	②	間	51
あう	②	合	8
	②	会	30
あお	①	青	78
あおい	①	青	78
あか	①	赤	67
あかい	①	赤	67
あかす	②	明	62
あからむ	②	明	62
	①	赤	67
あからめる	①	赤	67
あかり	②	明	62
あがる	①	上	112
あかるい	②	明	62
あかるむ	②	明	62
あき	②	秋	74
あきらか	②	明	62
あく	①	空	51
	②	明	62
あくる	②	明	62
あける	①	空	51
	②	明	62
あげる	①	上	112
あさ	②	朝	65
あざ＊	①	字	37
あし	①	足	26
あたま	②	頭	17
あたらしい	②	新	98
あたる	②	当	116
あてる	②	当	116
あと	②	後	47
あに	②	兄	31
あね	②	姉	36
あま	①	天	33
	①	雨	68
あめ＊	①	天	33
あめ	①	雨	68
あゆむ	②	歩	26
あらた	②	新	98
あるく	②	歩	26
あわす	②	合	8
あわせる	②	合	8
アン＊	②	行	47

い

いう	②	言	10
いえ	②	家	48
いかす	①	生	75
いきる	①	生	75
いく	②	行	47
いけ	②	池	59
いける	①	生	75
いし	①	石	57
いち	②	市	101
イチ	①	一	112
イツ	①	一	112
いつ	①	五	115
いつつ	①	五	115
いと	①	糸	102
いぬ	①	犬	81
いま	②	今	30
いもうと	②	妹	36
いる	①	入	109
いれる	①	入	109
いろ	②	色	35
いわ	②	岩	56
イン＊	①	音	11
イン	②	引	91

う

ウ	①	右	7
	①	雨	68
ウ＊	②	羽	83
うえ	①	上	112
うお	②	魚	87
うし	②	牛	82
うしろ	②	後	47
うた	②	歌	9
うたう	②	歌	9
うち	②	内	41
うま	②	馬	84
うまれる	①	生	75
うみ	②	海	59
うむ	①	生	75
うる	②	売	38
うれる	②	売	38
うわ	①	上	112
ウン	②	雲	68

え・お

エ＊	②	会	30
エ＊	②	回	42
エ	②	絵	102
エン	②	遠	24
	①	円	41
	②	園	43
お	①	小	116
おう＊	①	生	75
オウ	②	黄	94
	①	王	100
おお	①	大	33
おおい	②	多	61
おおいに	①	大	33
おおきい	①	大	33
おおやけ＊	②	公	109
おくれる＊	②	後	47
おこなう	②	行	47
おしえる	②	教	22
おそわる	②	教	22
おと	①	音	11
おとうと	②	弟	92
おとこ	①	男	44
おなじ	②	同	8
おもう	②	思	28
おや	②	親	13
おりる	①	下	112
おろす	①	下	112
オン	①	音	11
オン＊	②	遠	24
おんな	①	女	36

か

カ	②	歌	9
	②	夏	23
カ＊	②	何	30
カ	②	家	48
か	①	日	62
カ	①	火	66
	①	花	71
	②	科	74
	①	下	112
ガ	②	画	44
かあ	②	母	30
カイ	②	会	30
	②	回	42
	②	海	69
かい	①	貝	86
カイ	②	絵	102
ガイ	②	外	61
かう	②	買	87
かう＊	②	交	115
かえす	②	帰	101
かえる	②	帰	101
かお	②	顔	17
カク	②	画	44
かく	②	書	64
カク	②	角	83
カク	①	学	37
	②	楽	73
かざ	②	風	69
かしら＊	②	頭	17
かず	②	数	22
かぜ	②	風	69
かぞえる	②	数	22
かた	②	方	93
	②	形	110
かたち	②	形	110
かたな	②	刀	89
かたらう	②	語	10
かたる	②	語	10
カツ	②	活	60
カッ	②	合	8
ガツ	①	月	65
ガッ	②	合	8
かど＊	②	門	51
かど	②	角	83
かな	①	金	57
かね	①	金	57
かみ	②	紙	102
	①	上	112
かよう	②	通	24
から	①	空	51
からだ	②	体	30
かわ	①	川	58

バク＊ ② 麦 78
はしる ② 走 27
はずす ② 外 61
はずれる ② 外 61
ハチ ① 八 108
はな ① 花 71
はなし ② 話 10
はなす ② 話 10
はね ② 羽 83
はは ② 母 39
はやい ① 早 62
はやし ① 林 72
はやす ① 生 75
はやまる ① 早 62
はやめる ① 早 62
はら ② 原 54
はらす ② 晴 63
はる ② 春 63
はれる ② 晴 63
ハン ② 半 107
バン ② 番 44
バン＊ ② 万 113

ひ

ひ ① 日 62
① 火 66
ひがし ② 東 73
ひかり ② 光 32
ひかる ② 光 32
ひく ② 引 91
ひける ② 引 91
ひだり ① 左 97
ひと ① 人 29
① 一 112
ひとつ ① 一 112
ヒャク ① 百 75
ビャク＊ ① 白 75
ひる ② 昼 63
ひろい ② 広 49
ひろがる ② 広 49
ひろげる ② 広 49
ひろまる ② 広 49
ひろめる ② 広 49

ふ

フ＊ ② 歩 26
フ ② 父 39
フ＊ ② 風 69
ブ＊ ② 歩 26
ブ ② 分 90
フウ ② 風 69
ふた ① 二 115
ふたつ ① 二 115
ふとい ② 太 33
ふとる ② 太 33
ふな ② 船 104
ふね ② 船 104
ふみ＊ ① 文 111
ふゆ ② 冬 23
ふるい ② 古 8
ふるす ② 古 8
フン ② 分 90
ブン ② 聞 15
② 分 90
① 文 111

へ・ほ

ベイ ② 米 76
ホ ② 歩 26
ほ＊ ① 火 66
ボ ② 母 39
ホウ ② 方 93
ほか ② 外 61
ホク ② 北 32
ボク＊ ① 目 12
ボク ① 木 72
ほし ② 星 63
ほそい ② 細 102
ほそる ② 細 102
ホン ① 本 72

ま

ま＊ ① 目 12
ま ② 間 51
② 馬 84
マイ＊ ② 妹 36
マイ ② 毎 39
まえ ② 前 90
まさ ① 正 25
まざる ② 交 115
まじえる ② 交 115
まじる ② 交 115
まじわる ② 交 115
まぜる ② 交 115
まち ① 町 44
まなぶ ① 学 37
まる ② 丸 114
まるい ① 円 41
② 丸 114
まるめる ② 丸 114
まわす ② 回 42
まわる ② 回 42
マン ② 万 113

み

み ① 三 112
みえる ① 見 13
みぎ ① 右 7
みず ① 水 59
みずから ② 自 14
みせ ② 店 49
みせる ① 見 13
みち ② 道 25
みつ ① 三 112
みっつ ① 三 112
みなみ ② 南 108
みみ ① 耳 14
ミョウ ① 名 8
② 明 62
みる ① 見 13

む・め・も

む ① 六 108
むい ① 六 108
むぎ ② 麦 78
むし ① 虫 86
むつ ① 六 108
むっつ ① 六 108
むら ① 村 72
むろ＊ ② 室 48
め ① 目 12
め＊ ① 女 36
メイ ① 名 8
② 明 62
② 鳴 85
モウ ② 毛 15
モク ① 目 12
① 木 72
もちいる ② 用 96
もと ② 元 31
① 本 72
もと＊ ① 下 112
もり ① 森 72
モン＊ ② 聞 15
モン ② 門 51
① 文 111

や

ヤ ② 野 45
や ② 家 48
ヤ ② 夜 61
や ② 矢 93
① 八 108
やしろ ② 社 99
やすまる ① 休 29
やすむ ① 休 29
やすめる ① 休 29
やつ ① 八 108
やっつ ① 八 108
やま ① 山 56

ゆ・よ

ユウ ① 右 7
② 友 20
ゆう ① 夕 61
ゆき ② 雪 68
ゆく ② 行 47
ゆみ ② 弓 91
よ ① 四 42
② 夜 61
ヨウ ② 曜 64
② 用 96
よう ① 八 108
よつ ① 四 42
よっつ ① 四 42
よむ ② 読 11
よる ② 夜 61
よわい ② 弱 92
よわまる ② 弱 92
よわめる ② 弱 92
よわる ② 弱 92
よん ① 四 42

ら・り・ろ

ライ ② 来 73
ラク ② 楽 73
リ ② 里 45
② 理 100
リキ ① 力 19
リツ ① 立 34
リュウ＊ ① 立 34
リョク ① 力 19
リン ① 林 72
ロク ① 六 108

わ

ワ ② 話 10
わかつ ② 分 90
わかる ② 分 90
わかれる ② 分 90
わける ② 分 90

部首《ぶしゅ》さくいん

れんしゅう用《よう》データのダウンロードのしかた

※おうちの人《ひと》といっしょに行《おこな》いましょう。

①「書《か》いて覚《おぼ》えるシリーズ　特設《とくせつ》ページ」にアクセス

方法《ほうほう》１　「小学館《しょうがくかん》クリエイティブ」で検索《けんさく》し、トップページにアクセスしてください。
URL：http://www.shogakukan-cr.co.jp/
「書《か》いて覚《おぼ》えるシリーズ　特設《とくせつ》ページ」のバナーをクリックし、
『書《か》いて覚《おぼ》える小学《しょうがく》１・２年生《ねんせい》の漢字《かんじ》240　令和版《れいわばん》』のページへ進《すす》んでください。

方法《ほうほう》２　右上《みぎうえ》のQR《キューアール》コードを読《よ》みこむか、下《した》のＵＲＬ《ユーアールエル》を打《う》ちこんでアクセスしてください。

URL：http://www.shogakukan-cr.jp/kanji/12nen/

②ユーザー名《めい》とパスワードを入力《にゅうりょく》

入力画面《にゅうりょくがめん》に右《みぎ》のユーザー名《めい》とパスワードを入力《にゅうりょく》し、ログインボタンをクリックしてください。

- ●ユーザー名《めい》：kanji12
- ●パスワード：mrsame

③必要《ひつよう》なページをダウンロード

必要《ひつよう》なページをクリックしてPDF《ピーディーエフ》をプリントアウトし、ご使用《しよう》ください。

書《か》きとりれんしゅうシート

この本《ほん》の内容《ないよう》に合《あ》わせた書《か》きとりれんしゅうシートと、マス目《め》だけのれんしゅうシートがあります。

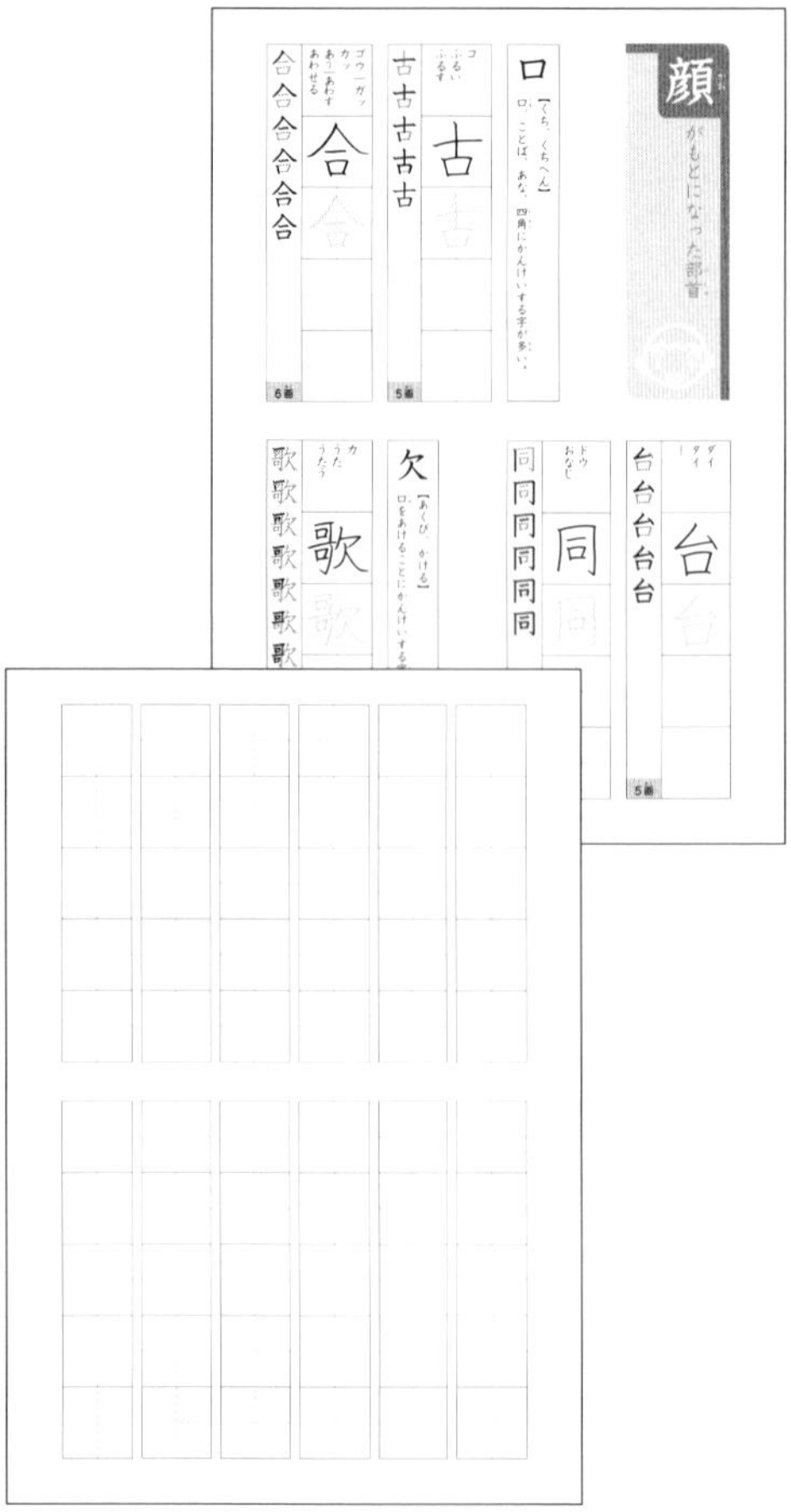

かん字《じ》をきれいに書《か》くための書写《しょしゃ》カード

バランスのとれた形《かたち》のかん字《じ》が書《か》ける、21のポイントを記《しる》したカードです。プリントアウトして、部首《ぶしゅ》の「書《か》き方《かた》」のらんにある、◎（よい書《か》き方《かた》）のお手本《てほん》と見《み》くらべながら書《か》きとりれんしゅうをしましょう。

※PDFデータを見るには、最新のAdobe Acrobat Readerが必要です。

おうちの方へ

私は、大学を卒業してから広島県の中学校の国語科教員として勤務しました。その時に出会った生徒たちから「自分の書く文字が好きではない。」という声をよく聞きました。また、漢字についても筆順や字形には興味を示さず「書けばよい」という意識の生徒が多くいました。人生の中で「漢字」や「書写」と初めて出会うのは小学校です。その時に良い出会いをしたかどうかは、その子にとって大きな影響を与えるのでないかと、生徒たちを見ていて思いました。

そこで、私は中学校から小学校への異動を考えるようになりました。小学校では、初めて漢字に出会った時の小学1年生は、輝くような目をしてわくわくしながら漢字を書いていました。初めて筆を持った小学3年生はどきどきしながら半紙に向かっていました。それからの私は子ども達の「どきどき・わくわく」の気持ちを失わせないために、「書写・漢字」を専門に指導法を追及していきました。

「書写教育」については、自己の専門性を高めるため、小学校在職中に安田女子大学大学院に進み、全国大学書写書道教育学会を創設された久米公先生、書写教科書を永年執筆された安田壮先生をはじめとする多くの先生方の薫陶を受けることができました。その後、広島大学大学院での長期研修中には松本仁志先生のご指導を、書写教科書編集にかかわるようになってからは、山梨大学の宮澤正明先生のご指導を受けることで、自己の指導法を改善してまいりました。

しかし、「漢字教育」については、漢字の成り立ちを指導に取り入れることで子ども達の意欲を高めることには成功しましたが、漢字の習得率を十分に上げることはできなくて悩んでいました。その当時（平成15年）私の勤務していた尾道市立土堂小学校に、校長として陰山英男先生が着任されました。陰山校長先生は一見ワンマン校長のようでしたが実は、我々教職員の自主性を大変尊重されました。徹底反復学習の効果については示されましたが、ほとんど示範はされませんでした。「自分のやり方で試してみなさい。苦労する中で自分の手法が確立するから」とよく言われていました。

その陰山校長先生が私たちに指示されたのが「漢字前倒し指導」でした。1年間で学習する漢字を5月までにすべて教えてしまうという方法です。できるだけ短期間で漢字を教えて、1年間を通して徹底反復すれば漢字の習得率は上がります。常識を覆す指導法に躊躇しながらも実践を開始しました。ここでも指導の道筋は示すが指導法は教えない陰山校長先生の姿勢は徹底していました。それぞれの教員が自分のやり方で一斉に実践を試し始めたのです。そして、お互いの実践を交流し合い、良い実践はまねて、自分で改善を繰り返していきました。そんな中で誕生したのが漢字の部首に着目した指導法です。同僚の三島諭先生は部首の意味を先に教えることで初めて学習する漢字の意味を子ども達に推測させました。初めて出会う漢字なのに、部首から何となく漢字の意味が分かります。子ども達の漢字に対する苦手意識が消えた時に、子ども達はどんどん漢字を覚えていきました。同じく山根僚介先生は得意のパソコンを使って漢字の部首フラッシュを作成して短時間で部首の意味を定着させる方法を考案しました。仲間の教職員とともに頑張った結果、子ども達の漢字習得率は90％を超え、土堂小学校は漢字検定試験において最優秀団体賞を3年連続で受賞できたのです。

この本はこれらの実践を礎として作成しています。

「子ども達に良い出会いをさせてやりたい」これを実現していくことは簡単なようで大変なことです。たゆまぬ改善と工夫、多くの先生や仲間との出会いが必要です。

「マニュアルはつくるな。つくればそこで成長が止まる。」これも陰山校長先生の言葉です。「自分は子ども達に本当に良い出会いをさせているのか。」これからも自分に問いかけて実践を継続したいと考えています。

尾道市立御調西小学校　藤井浩治

●監修

藤井浩治

広島県尾道市立御調西小学校校長。平成20年度まで広島県尾道市立土堂小学校に勤務。陰山英男校長在職中の3年間、教務主任として校長を支え土堂小改革に取り組み、数々の成果を上げる。その書写指導には定評があり、平成19年にはNHK教育テレビ「わくわく授業」で授業が紹介された。著書（共著）に『文部科学省検定済小学校書写教科書・中学校書写教科書（光村図書出版）』等がある。社会貢献活動として「福井県教育総合研究所・小中書写講座講師」「香川県小学校教育研究会・書写部会研修会講師」「島根県安来市教育研究会・書写研修会講師」等多数。

●挿画・章扉イラスト
ATFT GRAPHICS.（アタフタグラフィックス）

●装幀・本文フォーマット
C・O2 Design（椎原由美子）

●イラスト
高橋正輝

● DTP
ニシ工芸

●校正
藤本耕一（小学館クリエイティブ）

●編集
河津結実（小学館クリエイティブ）

●販売
窪 康男（小学館）

■参考にした本

『新選漢和辞典』小林信明編（小学館）
『例解学習漢字辞典』藤堂明保編（小学館）
『学習漢字新辞典』加納喜光監修（小学館）
『漢和辞典』鈴木修次・武部良明・水上静夫編（角川書店）
『実践！教科別陰山メソッド国語Ⅱ—新出漢字前倒し学習—』三島諭著（小学館）
『だれでも使える簡単パソコン素材集』山根僚介著（小学館）
『新・字形と筆順』宮澤正明編（光村図書出版）
『漢字指導の手引き』久米公編（教育出版）

きっずジャポニカ学習ドリル

書いて覚える小学1・2年生の漢字240　令和版

2020年2月25日　初版第1刷発行
2020年5月23日　　第2刷発行

発行者　宗形 康
発行所　株式会社小学館クリエイティブ
〒101-0051 東京都千代田区神田神保町2-14 SP神保町ビル
電話　0120-70-3761（マーケティング部）

発売元　株式会社小学館
〒101-8001 東京都千代田区一ツ橋2-3-1
電話　03-5281-3555（販売）
印刷・製本　図書印刷株式会社

ISBN 978-4-7780-3551-8